KB040545

PR Korea,
우리문화
영어로
표현하기

PR Korea, 우리문화 영어로 표현하기

초판 1쇄 2005년 9월 9일 펴냄
초판 7쇄 2017년 3월 13일 펴냄
개정판 1쇄 2018년 7월 16일 펴냄

지은이 김경훈 · 류미정 · 이미림
펴낸이 김성실
표지디자인 이창욱
제작 한영문화사

펴낸곳 원타임즈   등록 제313-2012-50호(2012. 2. 21)
주소 03985 서울시 마포구 연희로 19-1 4층
전화 02) 322 5463   팩스 02) 325-5607
전자우편 sidaebooks@daum.net

ISBN 979-11-88471-05-8 (13740)

이 도서의 국립중앙도서관 출판예정도서목록(CIP)은 서지정보유통지원시스템 홈페이지(http://seoji.nl.go.kr)와
국가자료공동목록시스템(http://www.nl.go.kr/kolisnet)에서 이용하실 수 있습니다.(CIP제어번호: CIP2018020105)

PR Korea, 우리문화 영어로 표현하기

김경훈 · 류미정 지음 | 이미림 영역

WINTIMES

우리나라는 5천여 년의 유구한 역사를 자랑한다. 예로부터 강대국들의 틈바구니에서 끊임없이 외침을 받아왔고, 숱한 위기를 넘기며 민족의 정통성을 지켜왔다.

지금이라고 별반 달라진 것은 없는 듯하다. 여전히 우리 민족은 주변 강대국들의 외침을 받고 있다. 단지 옛날과 다른 점은 무력 침략이 아니라 문화 침략을 받고 있다는 것뿐이다. 가장 널리 알려진 일본과의 독도 영유권 분쟁을 비롯해 일본과 중국의 역사 왜곡, 그리고 중국의 문화유산 강탈 문제 등 주변국으로부터 끊임없이 문화적인 침략을 받고 있다. 그런 일이 불거질 때마다 우리는 목소리를 높여 분노를 표출한다. 하지만 우리는 우리의 문화와 역사를 지키기 위해 얼마나 노력을 기울였던가?

일본의 '선'불교는 우리나라가 전파해주었음에도 불구하고 세계적으로 일본식 이름인 '젠'불교로 통용되고 있고, 다라니경과 측우기를 중국에 강탈당한 지도 오래다. 더욱 걱정스러운 것은 세계 곳곳에서 우리나라에 대한 왜곡된 정보가 퍼지고 있다는 것이다. 그동안 우리는 무엇을 하고 있었던가? 주변국들의 계속되는 침략과 강탈 행위에도 불구하고 우리는 손을 놓고 보고 있다가 뒤늦게 분노하고 가슴만 치고 있었던 건 아닌가? 일본과 중국을 비롯한 주변국들의 문화 침략 행위는 날로 조직화되고 치밀해져가고 있는데 우리는 어떻게 이 침략에 대응해야 할까?

지금도 일본은 호시탐탐 독도를 노리고 있고, 자신들의 과거를 미화하는 데 혈안이 되어 있다. 중국은 고구려 역사를 집어삼키기 위해 전 세계적으로 포석 작업에 들어갔다. 그 밖에도 무수한 침략 행위가 우리가 알게 모르게, 곳곳에서 펼쳐지고 있는 시점에서 우리는 어떻게 대응해야 할까?

그저 우리끼리 분노하고 목소리만 높이고 있어 봤자 아무런 도움도 되지 않는다. 그런 탁상공론을 하기보다는 좀더 적극적인 대처가 필요하다. 우리 모두가 민간 외교관이 되어 세계에 우리의 문화와 역사에 대해 알리는 것이 우리의 문화와 역사를 지키는 지름길이라는 생각이 든다. 지금 우리가 나서지 않으면 언제 우리의 문화와 역사를 도둑 맞을지 모르는 일이다.

필자는 이런 안타까운 심정으로 이 책을 내게 되었다. 물론 반 만 년의 문화와 역사를 이 책 한 권에 담는 것은 불가능한 일이다. 우리가 세계에 널리 알려야 할 찬란한 우리의 문화유산은 셀 수 없이 많고 지면은 지극히 제한되어 있다. 그래서 필자는 가능한 한 많은 내용을 이 한 권에 책에 담으려고 하기보다는 우리나라와 우리문화, 역사를 영어로 알리는 데 있어 하나의 지침을 제공하는 데 만족하고자 한다. 즉, 물고기를 잡아주기보다는 물고기 잡는 법을 독자들에게 알려주는 데 도움이 되었으면 하는 것이 필자의 바람이다.

2005년 8월

김경훈 · 류미정 · 이미림

이 책은 우리 문화와 역사를 외국인에게 제대로 소개하는 길잡이로 기획되었다. 방대한 우리 문화와 역사 가운데 가장 자랑하고 싶은, 또는 외국인이 가장 궁금해 할 것 같은 항목 39가지를 (다양한 인터뷰와 설문조사를 통해) 골라 소개하였다. 내용 개요에 이어 관련 대화까지 곁들임으로써 외국인과의 실제 대화에 효과적으로 활용할 수 있도록 하였다.

또 'Notes'와 '표현연구'를 두어, 독자 스스로 우리 문화 영어표현 능력을 키우는 데 도움이 되도록 하였다. '표현연구'에는 본문 내용에 나오는 주요 구문 해설뿐 아니라 관련 문법도 정리해두어 영작 공부에 도움을 주고자 했다. Notes에는 각 Unit의 설명문과 Dialogue에 나오는 어휘를 세세한 부분까지 정리해두었으므로, 이 책에서 미처 다루지 못한 우리 문화와 역사를 영어로 표현하는 데도 크게 도움이 될 것이다.

▶ '표현연구' 에서 나온 문장은 본문에서 별색으로 표시하여 찾기 쉽도록 했다.
▶ 우리말 고유 인명이나 지명시은 이탤릭으로 표시하여 쉽게 구분되도록 했다.

이 책이 우리 문화를 영어로 표현하는 데 조금이나마 도움이 될 수 있기를, 앞으로 더 많은 분들이 우리 문화에 관심을 가지고 세계에 알리는 데 앞장서기 바란다.

" People who fail to preserve their past
can not preserve their future either. "

"자신의 과거를 지키지 못하는 사람은 자신의 미래도 지킬 수 없다."

C O N T E N T S

⑤ PART 01

The 5000-year History of Korea

⑤ PART 02

The Korean Culture & Heritage

 **PART** 03

Modern Korea

Appendix

5000-Year History of Korea

The establishment of the first state on the Korean Peninsula goes back as far as 5,000 years ago to around 2333 B.C. Dangun Wanggum r

establishment of the first state on the Korean Peninsula goes back as far as 5,000 years ago to around 2333 B.C. It dominated the region for

After the fall of Gojoseon followed a period marked by the struggle of three rival kingdoms: Goguryeo, Baekje and Silla. It is referred to

northeast of China, once the territory of Gojoseon. At the late 7th century, however, Silla in alliance with Tang China succeeded in conqu

Goguryeo's terrain to China. Therefore, it was nothing but an incomplete unification.

As Unified Silla fell into decline, two major groups of rebel leaders emerged as self-proclaimed successors of Baekje and Goguryeo and

nations, which was around the early 10th century. The rule of the Goryeo Dynasty lasted for some 400 years till the 14th century.

After the Goryeo Dynasty came the Joseon Dynasty followed by the 30-year Japanese occupation, and then the establishment of the Repub

PART 01

ory reaching from northeastern part of China to the whole peninsula, and founded Gojoseon which was the first kingdom of Korea. The

s till 108 B.C.

ingdoms Period. Of the three, Goguryeo was the largest kingdom, claiming sovereignty over the northern part of the peninsula and the

als and established Unified Silla. Nevertheless, since its unification effort was not completely independent, it had to give up most of the

state Latter Baekje and Goryeo, respectively. This so-called Latter Three Kingdoms Period ended when Goryeo defeated the other two

45.

A Glimpse at Korean History

The establishment of the first state on the Korean Peninsula goes back as far as 5,000 years ago to around 2333 B.C. *Dangun Wanggum* ruled a vast territory reaching from northeastern part of China to the whole peninsula, and founded *Gojoseon* which was the first kingdom of Korea. It dominated the region for some 2,200 years till 108 B.C.

After the fall of Gojoseon followed a period marked by the struggle of three rival kingdoms: *Goguryeo, Baekje* and *Silla*. It is referred to as the Three Kingdoms Period. Of the three, *Goguryeo* was the largest kingdom, claiming sovereignty over the northern part of the peninsula and the northeast of China, once the territory of *Gojoseon*. At the late 7th century, however, *Silla* in alliance with *Tang* China succeeded in conquering its two rivals and established Unified *Silla*. Nevertheless, since its

NOTES

glimpse : 흘끗 봄, 일견 state : 국가, 상태 peninsula : 반도 go back : 거슬러 올라가다 as far as : ~만큼 멀리 rule : 다스리다, 통치하다 territory : 영역, 영토 reach : 도착하다, 이르다 whole : 전체의, 전부의 found : 설립하다, 세우다 kingdom : 왕국 dominate : 지배하다 region : 지역 some : 약간의, 약(숫자 앞에 붙을 때) fall : 추락, 몰락 mark : 표시하다, 채점하다 struggle : 투쟁, 다툼 rival : 적수, 라이벌 refer : 언급하다, 참조하다 claim : 주장하다, 점유하다 sovereignty : 주권, 통치권

12

unification effort was not completely independent, it had to give up most of the *Goguryeo*'s terrain to China. Therefore, it was nothing but an incomplete unification.

As Unified *Silla* fell into decline, two major groups of rebel leaders emerged as self-proclaimed successors of *Baekje* and *Goguryeo* and each named its state Latter *Baekje* and *Goryeo*, respectively. This so-called Latter Three Kingdoms Period ended when *Goryeo* defeated the other two nations, which was around the early 10th century. The rule of the *Goryeo* Dynasty lasted for some 400 years till the 14th century.

After the *Goryeo* Dynasty came the *Joseon* Dynasty followed by the 30-year Japanese occupation, and then the establishment of the Republic of Korea in 1945.

NOTES

however : 그렇지만 in alliance with : ~와 연합하여 conquer : 정복하다 unify : 통일하다, 단일화하다 unification : 통일 effort : 노력 completely : 완전히, 철저히 independent : 독립적인 give up : 포기하다, 버리다 terrain : 영역, 지역 nothing but : 단지 ~일 뿐인(=only) fall into : ~에 빠지다 decline : 쇠퇴, 퇴보 rebel : 반역자; 반역의 emerge : 나타나다 self-proclaimed : 자칭의, 스스로 주장하는 successor : 후계자, 계승자 respectively : 각각 so-called : 이른바 latter : 후의, 나

Harry

Hey, Miyeong. There's something I want to know about Korean history.

Miyeong

Yeah? What's that?

Harry

What's the cultural difference between the three ancient kingdoms of *Goguryeo*, *Baekje* and *Silla*?

Miyeong

Well, let's see. They differed slightly according to historical and geographical differences. For example, *Goguryeo*, which had constant territorial struggles with neighboring China across its rough mountainous terrain, had a tough and grandiose culture, while *Baekje*, which was located on boundless plains along the riversides, developed a more sophisticated and elegant civilization. In the

NOTES

중의 defeat : 패배시키다 last : 지속하다 followed by : ~가 뒤따른
occupation : 점령

meantime, *Silla*, founded in the southeast of the Korean Peninsula, created a rather indigenous and splendid heritage.

Harry   Then why did Korea get its name from *Goryeo* of all the kingdoms and states that ruled the peninsula?

Miyeong   Since *Goryeo* was very active in international relations with many foreign countries, its name became known to not only neighboring China and Japan but also throughout the Arab world. Arabic merchants used to call *Goryeo* "Coree" or "Corea" according to their pronunciation system, and that name was introduced to the West.

cultural difference : 문화적인 차이 ancient : 고대의 differ : 다르다 slightly : 조금, 약간 geographical : 지리적인 constant : 지속적인, 불변의 for example : 예를 들면 neighbor : 이웃; 이웃하다 grandiose : 웅장한, 장엄한 sophisticated : 정교한, 세련된 civilization : 문명 in the meantime : 한편 indigenous : 토착의, 고유의 splendid heritage : 빛나는 유산 throughout : 도처에, 전역에 Arabic merchant : 아라비아 상인 pronunciation system : 발음체계

Dangun Wanggum ruled ~ which was the first kingdom of Korea

reaching은 앞에 which was가 생략된 구문으로 a vast territory를 수
식하고 있다. 이처럼 '관계대명사 + be동사'는 생략할 수 있다.

from A to B는 'A에서 B까지'의 뜻으로 쓰이는 대표적인 구문인데
from을 생략하고 쓰기도 한다. 비슷한 뜻으로 A through B, from A
till B(시간)도 자주 쓰인다. 특히 from house to house(집집마다),
from place to place(여기저기), hand in hand(손에 손잡고), face to
face(마주 보고) 등과 같이 서로 대구를 이루는 경우 명사 앞에 관사를 쓰
지 않는다는 점에 주의하자.

founded는 found(설립하다)의 과거형으로 등위접속사 and에 의해 앞의
ruled와 대등하게 연결된 형태이다. which절의 주어는 선행사인
Gojoseon이기 때문에 동사도 3인칭 단수 was가 쓰였다.

After the fall of ~ three rival kingdoms

이 문장에서는 followed와 marked라는 두 개의 동사 형태가 있는데 한
문장에 동사 두 개가 올 수는 없다. 둘 중 하나는 동사가 아니라 준동사
다. followed 뒤에는 바로 a period라는 명사가 이어졌지만 marked 뒤
에는 전치사 by가 오고 명사가 온 걸로 봐서 marked는 수동의 뜻을 지
닌 과거분사다. marked는 which was가 생략된 관계대명사 구문이고
앞의 선행사 a period를 수식하고 있다.

Silla in alliance with ~ Unified Silla

succeed는 뒤에 〈in + -ing〉가 이어져 '~하는 데 성공하다'라는 뜻으
로 쓰인다. 반면 succeed 뒤에 〈to + 명사〉가 이어지면 '~를 계승하다,
~를 상속하다'라는 뜻으로 쓰인다. 그리고 Unified는 unify라는 동사의
과거분사형인데 현재분사나 과거분사는 형용사처럼 명사를 앞에서 수식
할 수 있다.

Nevertheless, since its ~ terrain to China

nevertheless(그럼에도 불구하고), therefore(그러므로) 등은 접속부사이기 때문에 절을 이끌 수 없다. 접속부사와 접속사를 혼동하는 경우가 있는데 접속사가 있는 경우는 한 문장에 두 개의 주어, 동사(접속사절의 주어, 동사와 주절의 주어, 동사)가 오지만 접속부사가 있는 경우는 절대 주어, 동사가 두 개가 되어서는 안 된다.

since는 접속사인데 여기서는 시간절을 이끄는 게 아니라 이유절을 이끌고 있다. since가 시간절을 이끌 때 주절에는 완료 시제가 쓰이는 경우가 많은데 이때 since절에는 과거형이 쓰인다는 데 주의해야 한다.

This so-called Latter ~ early 10th century

이 문장에서 which는 관계대명사다. 그런데 앞에 선행사로 보이는 명사가 two nations로 복수인데 동사는 단수 동사 was가 쓰였다. 이 문장에서 선행사는 two nations가 아니라 앞의 절 전체가 선행사이고, 구나 절은 항상 단수 취급한다. 그리고 관계대명사 which나 who는 that으로 바꿔 쓸 수 있지만 여기서는 계속적 용법(관계대명사 앞에 쉼표(,)에 주의)이기 때문에 that으로 바꿔 쓸 수 없다.

한반도에 최초로 국가가 들어선 것은 지금으로부터 5,000여 년 전, 즉 기원전 2333년까지 거슬러 올라간다. 단군이 중국 북동부에서 한반도에 이르는 넓은 지역을 통치하며 '고조선'이라는 나라를 세웠다. 이후 기원전 108년까지 2,200년 동안 이 지역을 다스렸다.

고조선 멸망 후에는 3국(고구려ㆍ백제ㆍ신라)의 항쟁으로 대변되는 시기가 이어졌는데, 이 시기를 삼국시대라고 부른다. 그 중에서 특히 고구려는 한반도 북부에서 고조선의 옛 영토였던 중국 북동부에 이르는 광대한 영토를 석권한, 가장 큰 제국이었다. 하지만 7세기 말에 중국(당나라)과 손잡은 신라는 두 나라를 정복하고 통일신라를 건설했다. 하지만 신라의 통일은 자주적이지 못했기 때문에 고구려 영토의 대부분을 중국에 내주게 되었고 결국 반 쪽짜리 통일에 머물게 되었다.

통일신라가 쇠퇴하면서 백제와 고구려의 후손임을 자처하는 두 명의 반란군 지도자가 등장했는데, 이들은 각각 후백제와 고려라고 나라 이름을 정했다. 후삼국시대라고 불리던 이 시기는 10세기 초에 고려가 다른 두 나라를 물리치면서 막을 내리게 되었다. 고려 왕조의 지배는 이후 14세기까지 400여 년 동안 지속되었다.

고려의 뒤를 이어 조선이 건국되고 일제 식민지 시대를 거쳐 1945년에 대한민국 정부가 수립되면서 현재에 이르고 있다.

해리　이봐, 미영, 너희 나라의 역사에 대해 알고싶은 게 있는데.

미영　응, 뭔데?

해리　삼국시대의 세 나라(고구려, 백제, 신라) 사이의 문화적 차이가 뭐야?

미영　글쎄, 뭐라고 할까? 역사적, 지리적 차이에 따라 조금씩 다른 성격을 지니고 있었지. 예를 들면, 거친 산악 지역에서 중국과 끊임없이 영토 분쟁을 했던 고구려는 강인하고 웅장한 문화를 가진 반면, 너른 평야가 있는 큰 강 유역에서 성장한 백제는 좀더 우아하고 부드러운 문화를 발달시켰어. 그리고 한반도의 동남쪽에 자리잡고 있던 신라는 토속적이고 화려한 문화를 창조했지.

해리　그럼, 한국이 과거에 한반도를 다스렸던 그 많은 나라들 중에서 고려의 이름을 물려받은 이유는 뭐지?

미영　고려는 외국과 교역이 활발해서 그 이름이 인근 중국이나 일본은 물론 아랍에까지 알려지게 되었지. 이 아랍 상인들에 의해 고려의 이름이 서양에까지 전해졌고 그들의 발음에 따라 코레(Coree)나 코리아(Corea, Korea)로 불렸던 거야.

Founding Mythology of Korea

There is an interesting myth about the foundation of *Gojoseon*, the first ancient kingdom established on the Korean Peninsula. It is the story of *Dangun Wanggeom*, the founding father of *Gojosen*.

Once there was a heavenly father, and his son, named *Hwanung*, went down to the earth intending to benefit the whole mankind. He came down to Mt. *Taebaek* accompanied by 3,000 followers with rain, wind and clouds to rule the human world.

One day *Hwanung* met a bear and a tiger who wanted to become human beings. He told them they would get their wish if they managed to survive 100 days in a dark cave eating only garlic and mugwort. The tiger, being impatient, quickly gave up whereas the bear successfully put up with the test and

---

founding mythology : 건국 신화 myth : 신화 foundation : 설립, 창설(= establishment)
ancient kingdom : 고대 왕국 heavenly : 하늘의, 천국의 go down : 내려가다
intending to benefit : 이롭게 할 의도로 whole mankind : 전 인류 accompanied by :
~를 거느린, 동반한 follower : 추종자, 수행원 cloud : 구름 human being : 인간
get one's wish : 바라던 것을 손에 넣다 manage to V : 가까스로 ~하다, 그럭저럭 ~
하다 survive : 살아남다 dark cave : 어두운 동굴 garlic : 마늘 mugwort : 쑥

turned into a beautiful woman after 21 days, whose name was Ungyeo. *Hwanung* married this woman and had a son called *Dangun Wanggeom*, who later founded *Gojoseon*.

In this myth, *Hwanung* is believed to signify a civilized tribe that reveres a heavenly divinity, while the bear and the tiger stand for ancient tribes that worshiped animistic deities. Symbolically, the tiger tribe resisted the advanced civilization and finally fell apart, but the bear tribe was able to survive through harmony and tolerance.

impatient : 참을성 없는 whereas : ~한 반면 put up with : 참다, 견디다 turn into : ~로 변하다, 바뀌다 marry : 결혼하다 signify : 의미하다, 나타내다 civilized tribe : 문명 부족 revere : 숭배하다, 경외하다 divinity : 신성 while : ~하는 동안, ~한 반면 stand for : 상징하다, 나타내다 worship : 숭배하다 animistic deity : 정령 신앙 symbolically : 상징적인 resist : 저항하다 advanced civilization : 진보한 문명 fall apart : 산산이 부서지다 harmony and tolerance : 조화와 인내

Alley   Jinwoo, I'd like to know about the founding mythology of Korea. Is there anything interesting?

Jinwoo   Well, let me tell you about the *Dangun* myth. *Dangun* is the founding father of *Gojoseon*, the first state established on the Korean Peninsula. There is a very interesting story about him.

Alley   I'm all ears.

Jinwoo   The heavenly father's son, *Hwanung*, who had wanted to rule the human world, came down to the earth. One day a bear and a tiger came and asked him to turn them into human beings. He said they would get their wish if they could live on garlic and mugwort for 100 days in a dark cave. The tiger gave

---

establish : 설립하다, 확립하다 establish oneself : 자리잡다
established : 확립된, 제정된, 만성의

up halfway with lack of patience, while the bear held out and was turned into a woman after 21 days. *Hwanung* married the woman and they had a son named *Dangun*, who is the mythical founder of the Korean nation.

be all ears : 귀를 기울이다 with lack of patience : 인내력이 부족하여 hold out : 버티다 mythical : 신화의

There is an ~ on the Korean Peninsula

이 문장에서 established를 동사의 과거형으로 착각하기 쉬운데 여기서 established는 과거분사이다. 앞에 is라는 문장의 본동사가 나와 있기 때문에 다시 동사가 나올 수는 없다. 바로 뒤의 전치사 on을 보고 과거분사라는 것을 눈치챌 수 있어야 한다. establish가 동사가 되려면 우선 접속사가 있어야 하고 전치사 on이 없거나 수동태(be동사 + 과거분사)로 쓰였을 것이다.

ex) There is an interesting myth about the foundation of Gojoseon, the first kingdom which was established on the Korean Peninsula.

❍ There is an interesting myth about the founding father who established the fist kingdom on the Korean Peninsula.

Once there was ~ the whole mankind

there be 구문에서 주어는 뒤에 나오는 명사다. a heavenly father가 문장의 주어가 되는데 his son은 there be 구문의 주어가 아니라 and 뒤에 오는 절의 주어다. 여기서 and는 명사와 명사를 연결하는 게 아니라 절과 절을 연결하는 역할을 한다. 만약 and가 a heavenly father과 his son을 연결하는 역할을 한다면 주어가 복수가 되기 때문에 was는 were로 바뀌어야 하고, 동사가 중복되기 때문에 went down 앞에도 접속사가 있어야 한다.

ex) Once there were a heavenly father and his son, named Hwanung, who went down to the earth intending to benefit the whole mankind.

The tiger, ~ name was Ungyeo

being impatient는 분사구문이다. since the tiger was impatient에서 접속사와 주어를 생략하고 동사를 분사로 바꾼 것이다. 분사구문에서

24

be동사의 분사는 생략하는 경우가 많은데 여기서도 생략할 수 있다.

뒤에 whose는 관계대명사의 소유격인데 소유격 뒤에는 항상 명사(대명사 아님)가 나온다는 것을 기억해야 한다. 그리고 그 명사는 선행사의 소요물이나 일부를 나타내는 명사라는 것도 알아두자. 즉, name은 바로 선행사 a beautiful woman의 name이다.

Is there anything interesting?

any, anything과 some, something은 자주 비교되는 표현이다. 둘 다 의미는 비슷한데 something은 긍정문에, anything은 의문문, 부정문에 쓰인다. some이 의문문에 쓰일 때는 확신을 하고 말하는 경우다. 즉, Do you have any money?라고 하면 있는지 없는지 모르는 상태에서 "돈 좀 있니?"라고 묻는 것이고, Do you have some money?라고 하면 있다는 것을 확신하고 묻는 경우다.

이와 비슷한 것으로 already, yet도 자주 비교되는데 already는 긍정문에, yet은 의문문, 부정문에 사용되는데, already가 의문문에 사용되는 경우 놀라움을 내포하는 표현이 된다.

ex) Do you finish the work already? 벌써 그 일을 끝냈어?

한반도에 들어선 최초의 왕조인 고조선의 건국에는 흥미 있는 건국신화가 있다. 그 신화는 고조선을 건국한 '단군왕검'의 이야기다.

옛날에 하느님이 있었고, 그의 아들 '환웅'은 널리 인간을 이롭게 하려는 뜻을 품고 인간 세상에 내려왔다. 그는 인간 세상을 다스리기 위해 3천 명의 무리와 비, 바람, 구름을 거느리고 태백산에 내려왔다.

어느 날 환웅은 인간이 되고 싶어하는 곰과 호랑이를 만났다. 환웅은 이들에게 쑥과 마늘만 먹고 동굴 속에서 햇빛을 보지 않고 100일을 견디면 소원이 이루어질 거라고 말했다. 참을성이 없는 호랑이는 곧 포기했지만, 곰은 끝까지 견뎠다. 삼칠일(21일) 만에 곰은 아름다운 여자가 되었고, '웅녀'라는 이름을 얻게 되었다. 환웅은 이 여인과 결혼해 아들을 얻게 되었는데 이 분이 바로 고조선을 건국한 '단군왕검'이었다.

이 신화에서 환웅은 하늘을 섬기는 문명이 발달한 부족을, 곰과 호랑이는 각각 그 동물을 숭배하는 부족을 상징한다. 즉, 호랑이는 발달한 문명에 저항하다가 멸망하고 곰은 화합을 해서 살아남았다는 것을 상징적으로 표현한 것이다.

앤디　진우, 한국의 건국 신화에 대해 알고 싶어. 뭐 재미있는 신화 없어?

진우　글쎄, 그래 단군 신화에 대해 얘기를 해줄게. 단군은 우리나라 최초의 나라인 고조선을 건국한 분인데 그에 관한 재미있는 신화가 있어.

앤디　어떤 신화인데?

진우　환웅은 원래 하느님의 아들인데 인간세계를 다스리고 싶어 땅으로 내려왔대. 그런데 곰과 호랑이가 환웅을 찾아와 인간이 되게 해달라고 부탁을 하게 되었어. 환웅은 쑥과 마늘을 주고 100일 동안 동굴 속에서 그것만 먹고 견디면 인간이 될 수 있다고 했대. 호랑이는 버티지 못하고 중간에 포기했고 곰은 끝까지 버텨 21일만에 여자가 되었대. 환웅은 이 여자를 아내로 맞아 단군왕검을 낳았는데, 이 분이 고조선을 건국한 우리 민족의 시조이셔.

Megalithic Dolmens in Korea

It's no exaggeration to call Korea a country of dolmens. They can be found all over the world, but Korea is said to have around 30,000 dolmens, or 60% of the world's total.

The oldest dolmen found in Korea was erected around 2250 B.C. and the most recent one around 200 B.C. It means this megalithic funerary culture flourished for more than 2,000 years on the peninsula.

A dolmen is known to be a prehistoric tomb, mainly for patriarches or powerful men who were able to mobilize a huge workforce. It usually consists of a high capstone supported by four undressed stone slabs. The size of a dolmen depends on that of the capstone, which can be as long as 8m (2m to 4m on average).

NOTES

megalithic : 거석의 dolmen : 고인돌 exaggeration : 과장 found : find(찾다)의 과
거 · 과거분사 erect : 세우다, 건립하다 recent : 최근의 around : 주위에, 대략
funerary culture : 장례 문화, 매장 문화 flourish : 번성하다 more than : ~ 이상
prehistoric : 유사 전의 tomb : 무덤 mainly : 주로, 대부분은 patriarch : 가장, 족
장 powerful : 강력한 mobilize : 동원하다 workforce : 노동력 consist of : ~로 구
성되다(= be made up of) capstone : 머릿돌, 갓돌 support : 지지하다, 받치다

One of the unique characteristics of Korean dolmens is their distribution. There are places where 100 dolmens or more are concentrated in one site, which means that many generations of ancient Koreans inhabited one place for hundreds or thousands of years.

NOTES

undressed : 손질하지 않은, 옷을 벗은 slab : 넓적한 판 as long as : ~만큼 긴 on average : 평균적으로 unique : 고유한, 독특한 characteristic : 특징, 특색 distribution : 분배, 배달 concentrate : 집중하다, 모으다 generation : 세대 inhabit : 거주하다

DIALOGUE

Alley   Jinwoo, what do you have to tell me about Korea today?

Jinwoo   Do you want to hear about dolmens?

Alley   Dolmens? You mean those prehistoric tombs with four megaliths upholding a huge capstone? Is there anything special about Korean dolmens?

Jinwoo   Sure. Listen. Dolmens started to be erected across the peninsula about 4,000 years ago, and more than 60% of the world's total are located in Korea. Some dolmen sites contain more than a hundred of these prehistoric tombs in a group, which indicates that our ancestors settled down in one place for a long time. Considering it was a luxurious practice only

---

NOTES

uphold : 유지하다, 받치다　be located in : ~에 위치하다　contain : 포함하다, 함유하다　indicate : 가리키다　ancestor : 조상, 선조　settle down : 정착하다, 진정시키다　for a long time : 오랫동안　consider : 간주하다, 고려하다　luxurious : 사치스러운, 호화로운　tribal chief : 부족장　construct : 건설하다　mean : 의미하다

allowed for a tribal chief or men in power, only a couple of dolmens could be constructed in each generation. So hundreds of dolmens at one site means that people lived there for many generations.

Alley   That's interesting.

NOTES

allow : 허락하다, ~하는 대로 두다, 고려하다, 공제하다

It's no exaggeration to ~

'~하는 것은 과장이 아니다'라는 뜻으로 쓰이는 구문이다. 반면 We cannot exaggerate the importance of는 '~의 중요성은 아무리 강조해도 지나치지 않다'라는 뜻이다.

It means ~ on the peninsula

이 문장에서 주절의 시제는 means로 현재지만 종속절의 시제는 flourished로 과거다. 원래 주절과 종속절은 시제를 일치시켜야 하지만 주절이 현재나 미래 계열(완료 시제 포함)의 시제일 때는 시제를 일치시키지 않아도 된다. 이 밖에도 시제의 일치에 적용을 받지 않는 사례로는 불변의 진리(항상 현재)나 역사적 사실(항상 과거) 등이 있다.

ex) The teacher said that the earth is round like a ball.
　　선생님이 지구는 공처럼 둥글다고 말했다.
　　We all know that the New World was found in 1492.
　　우리 모두는 신대륙이 1492년에 발견되었다는 것을 알고 있다.

One of the ~ their distribution

One of 구문 뒤에는 항상 복수 명사가 온다. 그리고 one of 구문이 주어로 쓰이는 경우 주어, 동사의 수 일치에 특히 주의해야 한다. 주어는 뒤에 오는 복수 명사가 아니라 앞의 one이기 때문에 동사도 단수 동사가 되어야 한다.

which means ~ thousands of years

이 문장의 which 역시 앞 문장 전체를 선행사로 받는 관계대명사다. 앞에 쉼표(,)가 있기 때문에 that으로 바꿔 쓸 수도 없다. 그리고 means 뒤의 that절은 관계대명사절이 아니라 명사절이다. 관계대명사절은 앞의 선행사가 that절 내에서 주어나 목적어, 보어 역할을 하기 때문에 이 중

하나가 빠진 불완전한 문장이 오지만 명사절은 완전한 문장이 온다. 명사절을 이끄는 접속사로는 that 이외에 what, whether, if, 의문사 등이 있다.

more than 60% of ~ in Korea

60% of와 같은 구문이 주어로 쓰일 경우 동사의 수에 주의해야 한다. 동사는 of 뒤에 오는 명사의 수에 일치시켜야 한다. 여기서는 world's total이 왔는데 언뜻 보면 단수처럼 보인다. 하지만 이것은 world's total dolmens에서 dolmens가 생략(앞에서 나왔기 때문에)된 것이다. the rest of, half of 등도 똑같은 규칙의 적용을 받는다.

그리고 %를 percent로 표기할 때 복수형 접미사는 붙이지 않는다. 또 percentage는 '비율'이라는 뜻으로 percent와는 달리 숫자와 함께 쓰이지는 않는다.

ex) 20 percent of the students were absent from school today.
20퍼센트의 학생이 오늘 결석했다.
The percentage of absenteeism is going up these days.
요즘 결석률이 올라가고 있다.

hundreds of dolmens

기본적으로 hundred, thousand, million 등의 수사는 복수형을 만들 수 없지만, hundreds of, thousands of의 형태로 써서 '막연한 수'를 나타내기도 한다.

한국은 '고인돌의 나라'라고 불릴 만큼 고인돌이 많다. 전세계에 분포해 있는 5만 개의 고인돌 중 60%에 달하는 3만 개 정도가 한국에 있을 정도다.

한국에서 발견된 고인돌 중 가장 오래된 것은 기원전 2,250년경의 것이고, 가장 최근의 것은 기원전 200년경에 만들어진 것이다. 따라서, 한반도에서는 약 2,000여 년에 걸쳐 고인돌 문화가 번성했음을 알 수 있다.

고인돌은 흔히 많은 인력을 동원할 수 있었던 족장이나 권력자들의 무덤으로 알려져 있는데, 대개 커다란 뚜껑돌(무덤 지붕)과 그것을 받치고 있는 네 개의 기둥돌로 이루어져 있다. 뚜껑돌의 크기에 따라 고인돌의 규모가 결정되는데, 큰 것은 8m가 넘는 것도 있지만 대개는 2~4m가 일반적이다.

한국 고인돌의 또 다른 특징은 그 분포다. 100여 개나 되는 고인돌이 한 지역에 집중적으로 분포한 곳도 있는데, 이는 수십 세대가 수백, 수천 년에 걸쳐 한 곳에 정착해 살았다는 것을 말해주는 것이다.

앵커 진우, 오늘도 한국에 대한 재미있는 얘기를 해줄 거지?

진우 고인돌에 대한 얘기가 어떨까?

앵커 고인돌? 네 개의 돌기둥에 큰돌을 올려놓은 돌무덤을 말하는 거지? 한국의 고인돌에는 뭐 특별한 거라도 있니?

진우 그래, 들어봐. 한반도에서는 지금으로부터 4,000여 년 전부터 고인돌이 축조되기 시작했는데, 전세계에서 발견된 고인돌의 60% 이상이 한반도에 분포해 있어. 그런데 이런 고인돌이 어떤 지역에는 100개가 넘게 분포해 있는 곳도 있다는 거야. 그건 우리 선조들이 그때부터 한 지역에서 오랜 세월 동안 정착해 살았다는 것을 의미하지. 고인돌이 족장이나 권력자들에게만 허용된 사치스러운 관행이었다는 걸 감안하면 한 세대에 기껏해야 두세 개 정도가 만들어졌을 것이고, 한 곳에서 100여 개가 만들어졌다는 것은 수십 세대가 그 지역에서 살아왔다는 것을 의미하지.

앵커 그거 흥미로운데.

Hangeul, Korea's Greatest Invention

Thanks to the easy-to-learn Korean alphabet *Hangeul*, the illiteracy rate in Korea is less than 1 percent. Having a simple and easy language system means that people can easily acquire as much information as they need, and easily record what they think and feel.

Another notable feature of *Hangeul* is that, unlike most other languages, it did not come into being spontaneously. Around 600 years ago, King *Sejong*, the fourth king of the *Joseon* Dynasty, and his scholars established an academic institute called *Jiphyeonjeon*, where they devoted themselves to studying the Korean language. Their hard work resulted in the invention of *Hangeul*, which is believed to be more scientific than any other language.

Before the creation of *Hangeul*, Koreans used classical Chinese

NOTES

invention : 발명 thanks to : ~ 덕분에 easy-to-learn : 배우기 쉬운 alphabet : 자모
illiteracy rate : 문맹률 less that : ~ 이하 language system : 언어 체계 acquire : 얻
다, 획득하다 information : 정보 record : 기록하다 notable feature : 두드러지는 특
징 unlike : 같지 않은, 다른 come into being : 생기다 spontaneously : 자발적인
scholar : 학자 academic institute : 학술 기관 devote oneself to : ~에 몰두하다
result in : ~의 결과를 얻다 result from : ~의 결과로서 생기다 scientific : 과학적인

characters called *Hanja*. But only the ruling class knew how to use *Hanja*, while most commoners were left illiterate and ignorant. It was no wonder that *Hanja*, being the Chinese writing system, was not suitable to express the ideas and emotions of the Koreans. Thus, King *Sejong* recognized the need for an efficient writing system tailored to the Korean people and he succeeded in creating one in 1443.

creation : 창조, 창작 classical : 고전적인 Chinese character : 한자 ruling class : 지배 계층 commoner : 일반인, 서민 illiterate : 읽고 쓸 수 없는 ignorant : 무지한, 무식한 It is no wonder : 조금도 이상하지 않다 suitable : 적절한, 적합한 express : 표현하다 emotion : 감정, 정서 recognize : 인지하다, 인정하다 efficient : 효과적인(= effective) writing system : 표기 체계 tailor : 맞추어 만들다 succeed in -ing : ∼하는 데 성공하다

Jinwoo, I heard that unlike other languages, the Korean alphabet, *Hangeul*, was invented. Would you tell me when it was created and by whom?

It was invented around 600 years ago in 1443 by King *Sejong* and his scholars.

Then Korea didn't have its own writing system before that?

Right. Before the invention of *Hangeul*, we used to write in classical Chinese, which was confined to only the upper class. Most commoners had few tools to express their thoughts and feelings. Besides, the Chinese language had limits in communicating the emotions and ideas of the Korean people. King

invent : 발명하다 used to V : 늘 ~하곤 했다 confine : 제한하다, 한정하다 upper class : 상류층 tool : 도구, 연장 thoughts and feelings : 사상과 감정 besides : ~ 외에, 게다가 limit : 한정, 제한 communicate : 의사 소통하다, 전달하다 acknowledge : 인정하다 independent : 독립적인 hence : 따라서, 그러므로 explain : 설명하다 consonant : 자음 vowel : 모음 diphthong : 이중 모음, 복모음

Sejong acknowledged the need for an independent language system for his own people. Hence, *Hangeul* was invented.

Alley   Can you explain how *Hangeul* works?

Jinwoo   There are 24 letters: 14 consonants and 10 vowels. But including diphthongs and double consonants, there are 40 letters in total. These letters can be combined together into an infinite number of syllable blocks.

Alley   Oh, I see.

NOTES   double consonant : 이중 자음   combine together : 조합하다   infinite : 무한한, 끝없는
syllable block : 음절 단위

표 현 연 구

Having a simple ~ think and feel

문장의 주어는 Having a ~ system으로 긴 동명사구이다. 구나 절은 아
무리 길어도 다수 취급하기 때문에 동사도 단수 동사(means)가 쓰였다.
뒤에 이어지는 that절은 명사절로서 means의 목적어 역할을 한다.
information은 불가산 명사이기 때문에 부정관사가 붙을 수 없고 복수
형도 만들 수 없다. 수를 나타내는 many[a few, few]가 아니라 양을 나
타내는 much[a little, little]의 수식을 받는다. 시험에 자주 출제되는 불
가산 명사로는 information 외에도 equipment, furniture, money,
machinery, clothing 등이 있다.

Another notable ~ being spontaneously

another 뒤에 명사가 올 경우 항상 단수 명사가 온다. 반면 other 뒤에
는 복수 명사가 온다. 단, another와 명사 사이에 two, three 등의 수사
가 들어가는 경우 복수 명사가 올 수 있다. every, each 등의 뒤에도 항
상 단수 명사가 오고, some이나 any는 단수(불가산 명사일 경우)와 복수
(가산 명사일 경우) 명사 둘 다 올 수 있다.
unlike most other languages는 전치사구로서 부사의 기능을 한다. 이
와 관련하여 주의할 것은 like와 alike의 구별이다. 둘 다 둘 사이를 비교
할 때 쓰는데 like는 전치사이기 때문에 반드시 뒤에 명사가 있어야 하지
만, alike는 서술적 형용사이기 때문에 뒤에 명사가 오지 않는다.
ex) Your necklace is like mine. 네 목걸이는 내 목걸이와 비슷하다.
    Your necklace and mine are alike.
    네 목걸이와 내 목걸이는 비슷하다.

Their hard work ~ any other language

result in과 result from은 잘 구분해서 써야 한다. result in 뒤에는 일
의 '결과'가 오고, result from 뒤에는 일의 '원인'이 온다. 즉, result in
은 '~을 야기하다'라는 뜻이고 result from은 '~ 때문에 어떤 결과가 생

40

기다'라는 뜻이다.

ex) The recent abnormal weather results from the air pollution.

　　최근의 이상 기후는 대기 오염 때문이다.

　　The air pollution results in the recent abnormal weather.

　　대기 오염이 최근의 이상 기후를 야기하고 있다.

〈비교급 than + any other + 단수 명사〉는 비교급 형태로 최상급을 만드는 대표적인 구문이다. 이때 any other 뒤에 단수 명사가 온다는 데 주의해야 한다. other만 보고 복수 명사로 쓰지 않도록 주의한다. 이 밖에도 최상급을 만드는 표현으로는 〈부정 주어 + ... + 비교급 than〉 〈부정 주어 + as 형용사 as〉 등이 있다.

ex) No student in the class is cleverer than Tom.

　　반에서 어떤 학생도 톰보다 영리하지 않다.

　　No student in the class is as clever as Tom.

　　반에서 어떤 학생도 톰만큼 영리하지 않다.

배우기 쉬운 한글 덕택에 한국의 문맹률은 1% 이하다. 단순하고 쉬운 문자 체계를 가지고 있다는 것은 사람들이 필요한 정보를 쉽게 습득할 수 있고, 자신의 생각과 감정을 쉽게 기록할 수 있다는 것을 의미한다.

한글이 가진 또 하나의 특징은 다른 여타의 문자들과는 달리 자연발생적으로 만들어진 것이 아니라는 것이다. 600여 년 전 조선 왕조의 4대 왕인 세종대왕과 학자들이 '집현전'이라는 학술기관을 설립해 우리말 연구에 몰두했다. 그 결과물로 탄생한 것이 바로 한글이다. 그래서 한글은 다른 어떤 언어보다 과학적이다.

한글이 창제되기 전까지 우리 민족은 중국의 문자인 '한자'를 사용했는데 일부의 지배계층만 사용할 수 있었고, 대부분의 백성들은 글을 몰라 무지한 상태였다. 더구나 한자는 중국의 글자였기 때문에 우리 민족의 사고와 정서를 표현하기에 적합하지 않았다.

이에 세종대왕은 우리 백성들에게 맞는 효율적인 글자 체계에 대한 필요성을 인식하고 한글 창제에 힘을 썼는데, 1443년에야 그 결실을 보게 되었다.

진우, 한국의 문자는 다른 언어와 달리 창제된 때가 있다고 들었는데, 언제, 누가 만들었는지 알려줄래?

응, 약 600여 년 전인 1443년에 세종대왕과 학자들이 만들었어.

그럼 그 전에는 한국에는 고유한 문자가 없었던 거야?

응. 그전까지는 중국의 문자를 사용했었는데, 그것도 일부의 지배계층만의 전유물이었지. 일반 백성들은 자신들의 감정이나 생각을 글로 표현할 수단이 거의 없었어. 게다가 중국 문자는 우리의 정서와 사상을 전달하는 데 한계가 있었지. 그래서 세종대왕은 백성들을 위해서 독자적인 우리의 문자 체계가 필요하다는 것을 느끼고 한글을 창제하게 되었지.

한글의 문자 체계는 어떻게 되어 있어?

24자가 있는데 그 중 14자는 자음이고 10자는 모음이야. 일부 자음과 모음은 겹쳐 쓸 수 있기 때문에 이것까지 합하면 40자야. 이 자음과 모음을 조합해서 음절을 무한히 만들어낼 수 있지.

아, 그렇구나.

Philosophy of the Korean National Flag, Taegeukki

From ancient times, flags have served as a symbol of a community to consolidate a strong bond among the members. The tri-color flag used in the French Revolution, in particular, is said to be the first modern flag. Then what message does the Korean national flag, *Taegeukki*, try to convey?

The *Taegeukki* consists of a white background with the *taegeuk* circle in the center surrounded by four different trigrams, one in each corner. The white background of the flag symbolizes purity and peace, and the unity of the Koreans as one people. The red upper section of the *taegeuk* circle represents *yang*, and the blue lower section stands for *yin*. It symbolizes the harmony of *yin* and *yang*. According to traditional Korean philosophy, everything in the universe is created and developed through the interaction of these two cosmic forces,

philosophy : 철학 national flag : 국기 serve : 섬기다, 모시다 symbol : 상징
community : 공동체 consolidate : 통합하다 strong bond : 강한 결속 tri-color : 3색
French Revolution : 프랑스 혁명 modern : 현대의, 근대의 message : 메시지, 전갈
convey : 전달하다, 나르다 circle : 원 surround : 둘러싸다 different : 다른 trigram
: 3선형, 3괘 corner : 모퉁이, 귀퉁이 symbolize : 상징하다, 나타내다 purity : 순수
함, 맑음 peace : 평화 section : 구획, 부분 represent : 나타내다, 의미하다 lower

which oppose each other but achieve perfect harmony and balance: like heaven and earth, light and dark, men and women, life and death, etc.

The four trigrams surrounding the circle denote the grand process of the universe, respectively standing for the north, south, east and west; spring, summer, autumn and winter; heaven, earth, sun and moon. They signify that the whole universe evolves on the basis of the *yin*-and-*yang* principle. The flag as a whole symbolizes the pursuit of an ideal to keep harmony with the universe.

NOTES

section : 아랫부분 stand for : 상징하다 harmony : 조화 yin and yang : 음과 양 traditional : 전통적인 universe : 우주 develop : 발달시키다, 개발하다 interaction : 상호 작용 cosmic force : 우주의 힘 oppose : 반대하다, 대항하다 achieve : 달성하다, 이루다 harmony and balance : 조화와 균형 heaven and earth : 하늘과 땅 signify : 의미하다 evolve : 진화하다 on the basis of : ~를 토대로 principle : 원리, 원칙 pursuit : 추구하다 ideal : 이상

45

DIALOGUE

Harry Miyeong, what do you call your national flag?

Miyeong We call it *Taegeukki*.

Harry When was it introduced?

Miyeong *Yeonghyo Park,* an ambassador to Japan who served during the reign of King *Gojong,* is said to have first designed it in 1882. It went through several changes afterwards and in 1949 the current design was finally designated the Korean national flag.

Harry What does it stand for?

Miyeong The red upper part of the *taegeuk* circle in the center symbolizes *yang,* and the blue lower part stands for *yin.* The four trigrams in the four corners are called

NOTES

introduce : 소개하다, 도입하다 ambassador : 대사, 사절 reign : 통치, 지배 design : 도안하다, 설계하다 afterward : 후에, 나중에 designate : 지정하다, 명시하다

geon, *gon*, *gam* and *yi*, respectively. The three unbroken lines in the upper left corner(*geon*) represent heaven and the east; the three broken lines in the lower right corner(*gon*), the earth and the west; the two broken lines with an unbroken line in the middle in the upper right corner(*gam*), the moon and the north; and the two unbroken lines with a broken line in the middle in the lower left corner(*yi*), the sun and the south.

Harry   I didn't know that the *Taegeukki* is full of such philosophical ideas.

NOTES

respectively : 각각 unbroken : 이어지는, 온전한 represent : 나타내다 philosophical
: 철학적인

The tri-color flag ~ first modern flag

used 앞에는 〈관계대명사 + be동사〉가 생략되었다. 선행사가 사물이므로 관계대명사는 which(or that)이고 French Revolution이 과거의 일이므로 be동사는 was가 된다. in particular에서, 원래 전치사 뒤에는 명사가 와야 하는데 형용사의 형태가 와서 틀린 듯하지만 그렇지 않다. particular는 흔히 알고 있는 형용사 용법 외에 명사 용법도 있다. in general 역시 마찬가지다.

what message ~ to convey

what은 의문사로서 대명사와 형용사로 쓰인다. 여기서 what은 의문형용사로서 명사 message를 수식하고 있다. 그 밖의 의문사를 살펴보면 which는 what과 마찬가지로 대명사와 형용사(뒤에 명사가 이어진다)로 사용되고, how는 의문부사로서 단독으로 쓰일 수도 있지만 뒤에 형용사나 부사가 이어질 수도 있다. why, when, where도 의문부사지만 뒤에 형용사나 부사가 올 수 없다.

그리고 이 문장의 주어는 the Korean national flag로 의문문이라서 조동사 does가 주어 앞에 쓰인 것이다.

According to ~ harmony and balance

According to는 전치사다. 따라서 뒤에는 반드시 명사(구)가 와야 한다. 반면 according as는 접속사이기 때문에 뒤에 절(주어 + 동사)이 이어져야 한다. 이런 류의 구문들을 살펴보면 in case of(전치사)와 in case that(접속사), despite[in spite of](전치사)와 although[though](접속사), except for(전치사)와 except that(접속사), because of(전치사)와 because(접속사) 등이 있다.

which는 주격 관계대명사(which 이하에 주어 없이 바로 동사가 이어졌다)로 앞의 선행사 two cosmic forces를 수식하고 있다. 관계대명사의 격을 결정할 때 먼저 선행사가 사물이냐 사람이냐에 따라 which인지

48

who인지를 결정한다. 그리고 뒤에 동사가 바로 이어지면 주격, 〈주어 +
동사〉가 이어지면 목적격, 명사(선행사의 소유물이나 일부)가 이어지면
소유격을 쓴다. that은 사람, 사물에 다 쓰일 수 있지만 이 문장에서처럼
앞에 쉼표(,)가 있으면(계속적 용법) 쓸 수 없다. 그리고 what은 선행사를
포함한 관계대명사(thing that/which)이므로 선행사가 없다.

the current design ~ national flag

이 문장은 수동태로 쓰였다. 원래 수동태 뒤에는 명사가 바로 이어질 수
없는데 여기서는 바로 명사가 이어졌다. 이 문장은 원래 5형식 문장
(they(일반인 주어) finally designated the current design (as) the
Korean national flag)에서 목적어가 주어 자리로 빠진 수동태이기 때
문에 명사가 그대로 남아 있는 것이다. 4형식이나 5형식(목적 보어가 명
사인 경우) 문장의 수동태에서는 동사 뒤에 명사가 남아 있게 된다.

ex) Tom gave Jane a present.

　　→ Jane was given a present by Tom.

　　톰은 제인에게 선물을 주었다.

　　They call him a genius.

　　→ He was called a genius (by them).

　　그들은 그를 천재라고 부른다.

고대부터 깃발은 구성원들 사이의 결속을 강화하는 공동체의 상징으로 사용되어 왔다. 특히 프랑스 혁명 때 쓰인 삼색기는 근대적 국기의 효시라고 할 수 있다. 그럼 한국의 국기인 태극기는 어떤 뜻을 담고 있을까?

태극기는 흰색 바탕에 가운데에는 '태극' 문양이 그려져 있고, 네 귀퉁이에는 각각 다른 조합으로 이루어진 세 개의 선이 자리잡고 있다. 바탕의 흰색은 순수함과 밝음, 평화를 상징하며, 한민족이 단일 민족이라는 표현이기도 하다. 문양 중 아래쪽의 푸른색은 음을, 위쪽의 붉은색은 양을 뜻하는데, 이는 음양의 조화를 상징한다.

한국의 전통 철학에 따르면, 삼라만상은 하늘과 땅, 빛과 어둠, 남자와 여자, 삶과 죽음과 같이 서로 대립하나 조화를 이루는 이 두 가지 우주의 힘의 상호작용을 통해 창조되고 발전한다.

원을 둘러싸고 있는 네 귀퉁이의 삼선은 각각 동서남북과 봄 · 여름 · 가을 · 겨울, 하늘 · 땅 · 해 · 달 등을 뜻하며, 우주의 순리를 의미한다. 또한 우주만물이 음양의 원리에 따라 진화하는 것을 나타내기도 한다. 태극기 전체가 우주와 조화를 이루고자 하는 이상의 추구를 상징한다.

미영, 한국의 국기는 뭐라고 부르지?

태극기라고 해.

언제부터 사용되었지?

1882년에 고종황제의 명으로 일본에 사신으로 파견되던 박영효가 처음 도안했대. 그 후 모양이 조금씩 바뀌다가 1949년에야 현재의 태극기가 정식 국기로 제정되었어.

태극기에는 어떤 의미가 담겨 있어?

중앙에 있는 태극 원의 위쪽 붉은 부분은 양을, 아래쪽 푸른 부분은 음을 상징해. 그리고 네 귀퉁이에 있는 네 개의 삼선은 각각 '건곤감리'라고 하는데 오른쪽 위에 있는 세 줄이 '건'이고 '하늘'과 '동쪽'을 상징해. 그리고 왼쪽 아래에 있는 끊어진 세 줄이 '곤'이고 '땅'과 '서쪽'을 상징하지. 왼쪽 위에 있는 한 줄과 끊어진 두 줄로 이루어진 조합이 '감'으로 '달'과 '북쪽'을 상징하고, 그 대각선 아래에 있는 두 줄과 끊어진 한 줄의 조합이 '리'로 '해'와 '남쪽'을 상징해.

태극기에 그렇게 깊은 철학적인 뜻이 있는 줄은 몰랐는걸.

Korean Currency and Great Men in History

The Korean currency in common use includes 10-won, 50-won, 100-won and 500-won coins, along with 1,000-won, 5,000-won and 10,000-won notes. Like its counterparts across the world, Korean money features uniquely Korean objects (on the 10-won, 50-won and 500-won coins) or portraits of well-known historical figures on the rest. The 100-won coin portrays Admiral *Lee Sunsin*, a renowned navy commander of the *Joseon* Dynasty. He invented *Geobukseon*, the world's first ironclad warship, and put the nation out of danger defeating the enemies during the Japanese invasion in the 1590s. Western scholars admire him for exceeding British Admiral Nelson in terms of tactics and strategies.

The great figures on the 1,000-won and 5,000-won notes are *Lee*

currency : 통화, 화폐 in common use : 통용되는 include : 포함하다 coin : 동전
along with : ~와 함께 note : 지폐 counterpart : 상대 feature : 특색을 갖추다, 특집
으로 다루다 uniquely : 고유하게, 독특하게 object : 사물, 대상 portrait : 초상화
well-known : 잘 알려진 historical figure : 역사적인 인물 portray : 그리다, 묘사하다
admiral : 해군 제독 renowned : 유명한 navy commander : 해군 사령관 Joseon
Dynasty : 조선 왕조 ironclad warship : 철갑선 put one out of danger : ~를 위기에서

Hwang and *Lee Yulgok*, both of whom were highly respected scholars during the *Joseon* Dynasty. They devoted themselves to developing Chinese Confucianism into an original Korean philosophical system and are renowned Oriental philosophers studied by scholars in many countries around the world.

On the front of the 10,000-won note is a portrait of King *Sejong* the Great, who invented the Korean alphabet, *Hangeul*. He made a number of special achievements during his 30-year reign, laying the groundwork for the prosperity of the *Joseon* Dynasty.

NOTES

구하다 defeat : 물리치다 enemy : 적 invasion : 침략 Western scholar : 서양 학자
admire : 감탄하다, 칭송하다 exceed : 뛰어넘다, 능가하다 tactics and strategies :
전술과 전략 highly : 매우 respect : 존경하다 devote oneself to -ing : ~에 헌신하다
Confucianism : 유교 oriental : 동양의 achievement : 업적, 성취 reign : 제위, 통치
lay the groundwork for : ~의 초석을 마련하다 prosperity : 번영, 융성

Alley   Jinwoo, who's this man on this banknote?

Jinwoo   Let me see. It's a 5,000-won note and this man here is *Lee Yulgok*. He was a famous Confucian scholar during the *Joseon* Dynasty. Along with *Lee Hwang* portrayed on the 1,000-won note, he is one of the most respected Oriental philosophers in the world. The back of the note shows *Ojukheon*, the house where he was born.

Alley   Who else appears on Korean money?

Jinwoo   The man on the 10,000-won bill is King *Sejong* the Great, the fourth king of the *Joseon* Dynasty. He achieved a number of things for his country, including the invention of the Korean alphabet,

NOTES

banknote : 은행권, 지폐 famous : 유명한 Confucian scholar : 유학자 appear : 나타나다, 출현하다 bill : 지폐, 계산서 pagoda : 탑 national treasure : 국보 barley : 보리 crane : 학, 두루미

hangeul. And the hero on the 100-won coin is Admiral *Lee Sunsin*, who saved the country from the Japanese invasions during the 1590s.

Alley   What about the other coins and notes?

Jinwoo   The 10-won coin features *Dabotap*, a stone pagoda designated a national treasure. And the 50-won and 500-won coins feature a sheaf of barley and a crane, respectively.

Like its counterpart ~ figures on the rest

여기서 Like는 전치사로서 부사구를 이끌고 있다. 뒤에 명사가 있기 때문에 alike는 쓸 수 없다는 것을 알아두자. 반대말은 unlike다.

across는 '~의 맞은 편에'라는 뜻의 전치사인데 across the world[country]의 형태로 써서 '온 세계[나라]에'라는 뜻으로 쓰인다. '건너다'라는 뜻의 동사인 cross와 혼동하지 말 것.

figure는 '숫자'라는 뜻으로 쓰이지만 '인물, 명사'라는 뜻도 있고, figure out의 형태로 '이해하다'라는 뜻으로도 쓰인다.

He invented Geobukseon, ~ in the 1590s

the world's first ironclad warship은 Geobukseon과 동격으로 '거북선'을 다시 설명하는 역할을 한다.

defeating ~은 분사구문으로 원래의 문장은 as he defeated ~이다. 분사구문을 만들 때 주어를 생략할 때는 주절의 주어와 동일해야 한다. 만약 분사구문의 주어가 주절의 주어와 다르다면 주어를 그대로 써주어야 한다. 시제는 주절의 시제와 같을 때는 일반 분사로 만들고, 시제가 앞서면 완료분사(having + 과거분사)로 만든다.

ex) as the enemies were defeated by him

   → the enemies defeated by him

   If the weather is permitted, we are going on a picnic.

   → The weather permitted, we are going on a picnic.

   날씨만 허락하면 우리는 소풍 갈 것이다.

They devoted ~ around the world

devoted oneself to 뒤에는 명사나 동명사가 온다. 여기서 to는 부정사를 유도하는 to가 아니라 전치사이기 때문이다. 이처럼 to 때문에 동사원형이 올 것으로 착각하기 쉬운 구문으로는 be used[accustomed] to(~하는 데 익숙하다), look forward to(~을 고대하다), be subject to(~하기 쉽다, ~할 수밖에 없다), object to(~에 반대하다), be opposed to(~에 반대하다) 등이 있다. 단, be used to의 경우 동사원형이 오기도 하는데 이때는 '~하는 데 사용되다'라는 뜻이다.

and 뒤에 are라는 현재형 동사가 이어졌다. are의 주어는 They이고 등위접속사 and에 의해 devoted와 연결되고 있는 형태다. 그런데 앞의 시제는 과거인데 뒤에는 현재형인 것이 좀 이상할 것이다. 이것은 뒤의 내용이 일반적인 사실(항상 현재)을 진술하는 것이므로 시제 일치의 적용을 받지 않은 것이다. 그리고 studied 앞에는 who[that] are가 생략되어 있다.

He made a number of ~

⟨a number of + 복수 명사⟩와 ⟨the number of + 복수 명사⟩의 차이에 대해 주의해야 한다. 전자는 '많은 수의'라는 뜻으로 복수 취급하고, 후자는 '~의 수'라는 뜻으로 단수 취급한다. 그리고 ⟨many a + 단수 명사⟩는 '많은 ~'라는 뜻이지만 단수 취급한다는 것도 기억해두자.

우리나라에서 통용되고 있는 화폐에는 10원, 50원, 100원, 500원짜리 동전과 1,000원, 5,000원, 10,000원 권 지폐가 있다. 다른 나라 화폐와 마찬가지로 우리나라 화폐에도 우리나라를 대표하는 사물이나 역사적 인물의 초상이 그려져 있는데, 이 중 10원, 50원, 500원짜리 동전에는 사물이, 나머지 화폐에는 인물의 초상이 그려져 있다.

100원짜리 동전에는 조선시대의 유명한 해군 사령관이었던 이순신 장군의 초상이 있는데, 임진왜란 때 '거북선'이라는 세계 최초의 철갑선을 만들어 왜병을 물리쳐 나라를 위기에서 구한 장군이었다. 서양학자들은 전략과 지략에서 영국의 넬슨 제독을 넘어선다며 경탄하기도 했다.

1,000원짜리와 5,000원짜리 지폐에는 각각 퇴계 이황과 율곡 이이가 그려져 있는데 그들은 모두 조선시대의 존경받는 학자였다. 그들은 중국의 유학을 발전시켜 독창적인 한국 철학의 체계를 잡는 데 공헌을 한 분들로, 세계 여러 나라 학계에서 연구 대상이 되고 있는 저명한 동양 철학자이다.

10,000원 권에는 '한글'을 창제한 세종대왕이 그려져 있다. 600년 조선 역사의 기틀은 잡은 분으로, 30여 년의 재위기간 동안 갖가지 업적을 남긴 분이다.

진우, 이 지폐에 그려져 있는 분은 누구지?

어디 봐. 5,000원짜리네. 이분은 율곡 이이야. 조선시대의 유명한 유학자였지. 1,000원짜리에 나오는 퇴계 이황과 함께 세계에서 가장 존경받는 동양 철학자시지. 뒷면에 있는 그림은 '오죽헌'이라고 율곡 선생이 태어난 곳이지.

그 밖에 어떤 분들이 화폐에 등장하지?

10,000원 권에는 조선 4대 왕이셨던 세종대왕이 그려져 있어. 한글 창제를 비롯한 많은 업적을 남기신 분이지. 그리고 100원짜리 동전에는 임진왜란 때 나라를 구한 이순신 장군이 그려져 있지.

그럼, 나머지 화폐에는 뭐가 그려져 있어?

10원짜리에는 우리나라의 보물인 '다보탑'이 그려져 있고, 50원짜리와 500원짜리에는 각각 보리와 두루미가 그려져 있어.

Unit 007

Traces of Dinosaurs in Korea

Korea is one of the top three nations with a vast amount of dinosaur remains though dinosaur skeletons in complete form have yet to be discovered.

Off the southern coastline of the peninsula lies *Hallyeosudo* Marine National Park dotted with a number of islands. In the middle of this spectacular cruise course is *Deokmyeong-ri* Beach in *Goseong-gun, Gyeongsangnam-do*('*nam-do*' means Southern Province). With the flux and reflux of the tides, this indented coastline has created a huge rocky beach, and on these rocks are left more than 4,000 dinosaur footprints, which is the world's highest density for a single site.

Also worth a visit is *Uhang-ri* Beach in *Haenam-gun, Jeollanam-do*. Dinosaur relics here are from the late Cretaceous period of the Mesozoic age. Once an enormous lake around 90 million

NOTES

trace : 흔적, 자취 dinosaur : 공룡 a vast amount of : 엄청난 양의 remains : 잔해, 유골 skeleton : 골격, 뼈대 have yet to V : 아직 ~하지 않고 있다 discover : 발견하다 coastline : 해안 dotted with : ~가 점점이 흩어져 있는 island : 섬 spectacular : 장관인, 볼 만한 cruise : 유람, 순항 flux and reflux : 밀물과 썰물 tide : 조수 indented coastline : 들쭉날쭉한 해안선 footprint : 발자국 density : 밀도, 농도 worth : ~의 가치가 있는 relics : 유골, 유적 Cretaceous period : 백악기 Mesozoic

60

years ago, this area has layers of sedimentary rock, on which such gigantic dinosaurs as Brontosaurus left their footprints. Some of the footprints measure 130cm in length and 90cm in width. There are also more than 300 footprints of winged dinosaurs that are like bats. Some are as long as 30cm and their bodies with the wings wide spread is presumed to have been as wide as 12m.

NOTES

age : 중생대 enormous : 엄청난, 거대한 lake : 호수 layer : 층 sedimentary rock : 퇴적암 gigantic : 거대한 Brontosaurus : 브론토사우루스(초식 공룡의 일종) measure : 측정하다, ~ 정도를 나타내다 length : 길이 width : 너비, 폭 winged : 날개가 있는 bat : 박쥐 wide spread : 활짝 펼친 presume : 추정하다, 가정하다

DIALOGUE

I heard Korea has a lot of dinosaur footprints and tracks. How many are there?

Well, Korea is known to be one of the top three countries in the world for dinosaur remains. *Deokmyeong-ri* Beach, in particular, has more than 4,000 dinosaur footprints, which is the world's highest number for a single site.

Then it's practically Jurassic Park, right?

Not exactly. The dinosaur fossils discovered there are mostly from the Cretaceous period.

I see. So what kind of dinosaur fossils are mostly found on the peninsula?

---

track : 자취, 자국 in particular : 특히 practically : 실제로, 사실상 Jurassic Park : 쥐라기 공원 not exactly : 꼭 그렇지는 않다 fossil : 화석 mostly : 대부분 herbivorous iguanodon : 초식 공룡 bury ... alive : …를 산 채로 묻다 natural disaster : 자연 재해 floods : 홍수 avalanche : 눈사태 relatively stable mantle : 비교적 안정적인 맨틀 rarely : 거의 ~ 않다 engulf : 집어삼키다, 빨아들이다

Miyeong — Mostly herbivorous Iguanodon. And Brontosaurus and some winged dinosaurs, too.

Harry — Then there must be skeleton fossils, too.

Miyeong — No. Skeleton fossils could only be created if the dinosaurs were buried alive due to such natural disasters as floods or avalanches. But Korea has had a relatively stable mantle, so dinosaurs were rarely engulfed alive.

Off the southern ~ a number of islands

이 문장에서 주어는 Off the southern ~ peninsula가 아니다. 주어는
lies 뒤에 있는 National Park다. 주어 뒤에 dotted with ~라는 긴 수
식어가 붙어서 문장 끝으로 빠지면서 도치된 것이다. dotted 앞에는 역시
which is가 생략된 것으로 볼 수 있다.

Also worth a visit ~

이 문장 역시 혼동할 여지가 있는 문장이다. worth는 명사로 '가치'라는
뜻도 있지만 여기서는 '~의 가치가 있는'이라는 형용사로 쓰였다. 주어
자리에 있어 명사로 착각하기 쉽지만 형용사로 쓰였고 강조를 위해 문두
로 나온 것뿐이다. 만약 명사라면 a visit 앞에 전치사와 같은 연결사가
있어야 한다. 복합 명사가 아닌 한 명사와 명사를 연결하려면 전치사가
필요하다. 따라서 문장의 주어는 is 뒤의 Uhang-ri Beach이다.

형용사 worth 뒤에는 관용적으로 전치사 없이 명사나 동명사가 이어진
다. 반면 worthy 뒤에는 of가 오고 동명사가 온다.

ex) Uhang-ri Beach is worth visiting.

   = Uhang-ri Beach is worthy of visiting.

this area has ~ their footprints

on which ~는 계속적 용법의 관계대명사다. 계속적 용법일 뿐 아니라
전치사 뒤이기 때문에 절대 that으로 대체할 수 없다. 원래 관계대명사
that은 계속적 용법이나 전치사 뒤에서는 쓸 수 없다. 선행사는
sedimentary rock인데 관계대명사절을 Paraphrase해보면 and such
gigantic dinosaurs as Brontosaurus left their footprints on
sedimentary rock이 된다.

such as는 항상 함께 붙어 다니는 구문으로 주로 구체적인 예를 들 때 사
용된다. 시험에서 앞에 such나 as가 나오면 뒤에 as가 있는지를 먼저 확
인해야 한다. 이 문장에서처럼 〈such + 대표 명사 + as + 구체적인 명사〉

64

의 형태로 쓰이기도 하고, 〈대표 명사 + such as + 구체적인 명사〉의 형태로 쓰이기도 한다. 즉, 여기서도 gigantic dinosaurs such as Brontosaurus로 바꿔 쓸 수 있다.

with the wings wide spread

이 구문은 with를 사용한 분사구문으로 '날개를 활짝 펼친'이라는 뜻이다. 주로 동시 동작을 나타내는데 형태는 〈with + 명사 + 분사/형용사〉이다. 여기서 spread는 동사의 기본형이 아니라 과거분사형이다. spread는 기본형과 과거 · 과거분사형이 같다.

I heard Korea has ~

이 문장을 보면 주절과 종속절의 시제가 일치하지 않아 잘못되었다고 생각하기 쉽다. 주절이 현재[현재완료], 미래[미래완료]일 때는 종속절이 시제의 영향을 받지 않는데, 이 문장에서는 과거임에도 불구하고 시제가 다르게 되어 있다. 그 이유는 종속절의 내용이 일반적인 사실을 나타내고 있기 때문이다. 일반적인 사실이나 진리를 나타낼 때는 시제 일치의 영향을 받지 않는다.

한국은 세계 3대 공룡 유적지의 하나다. 다만 아쉬운 점은 완전한 형태
의 몸체는 아직 발굴되지 않았다는 것이다.

한반도의 남쪽에는 수많은 섬들이 산재해 있는 한려수도 해상 국립공원
이 있다. 이 장엄한 유람 코스 한가운데에 경상남도 고성군 덕명리 해
변이 있는데, 밀물과 썰물이 교차하면서 이 들쑥날쑥한 해안은 거대한
바위 해수욕장을 이룬다. 그런데 이 바위들 위에는 4,000여 개의 공룡
발자국이 남아 있는데, 단일 지역으로는 세계 최대의 규모다.

전라남도 해남군의 우항리 해변도 가볼 만하다. 이곳의 공룡 발자국들
은 중생대 백악기 후기의 유적들로, 9,000만 년 전 당시에 이 지역은
거대한 호수였다. 브론토사우루스 등 거대한 공룡들은 이 지역의 퇴적
층에 발자국을 남겼는데, 그 중에는 길이 130cm, 폭 90cm에 이르는
것도 있다. 특히 이 지역엔 박쥐처럼 생긴 익룡의 발자국이 무려 300여
개나 남아 있다. 개중에는 30cm가 넘는 발자국도 있는데, 몸집을 대략
추정해보면 날개를 펼쳤을 때 12m가 넘는다.

해미 미영, 한국에는 공룡 발자국이 많이 남아 있다고 들었는데 어느 정도야?

미영 응, 한국은 세계 3대 공룡 유적지로 알려져 있어. 특히 덕명리 해변에는 4,000개가 넘는 공룡 발자국이 있는데, 단일 지역으로 는 세계 최대의 유적지지.

해미 그럼 덕명리 해변은 쥐라기 공원이라고 할 수 있겠네?

미영 그렇지는 않아. 그곳에서 발견되는 공룡은 대부분 백악기 공룡 의 화석이거든.

해미 그래? 한반도에서는 어떤 공룡의 화석이 주로 발견되는데?

미영 초식 공룡인 이구아나돈이 가장 많아. 그 밖에도 브론토사우루 스나 익룡의 발자국도 많이 남아 있지.

해미 그럼 공룡의 골격 화석도 남아 있겠네.

미영 그렇지는 않아. 홍수나 산사태와 같은 자연 재해가 일어나 공룡 이 산 채로 파묻혀야 골격 화석이 만들어질 수 있는데 한반도는 지형이 안정되어서 공룡이 산 채로 파묻히는 일이 거의 없었지.

Unit
008

Korean Gardens

Korean gardens are characterized by the intact beauty of nature. Harmony with the natural environment is the most highly regarded aesthetic value in the whole Korean culture, not merely in gardens.

Nestled inside *Changdeok* Palace is one of the most typical Korean gardens, which was built touching the natural surroundings as little as possible. The rear garden of the palace has pavilions on hills in a state of nature that command a grand view of the nearby woods; a number of ponds big and small created from water flowing from the neighboring mountain streams.

Typical Korean gardens can also be found in many different regions, and the most representative one is *Buyongdong* Garden on *Bogil* Island near *Haenam, Jeollanam-do*. Designed and

NOTES

characterize : 특성을 나타내다 intact : 손대지 않은, 손상되지 않은 harmony : 조화
natural environment : 자연 환경 highly : 매우, 대단히 regard : ~로 여기다, 간주하
다 aesthetic value : 미적인 가치 merely : 단지, 그저 nestle : 쾌적하게 자리잡고 있
다, 주위 풍경에 파묻히듯 서 있다 touch : 만지다, 건드리다 typical : 전형적인, 대표
적인 natural surroundings : 자연 환경 as little as possible : 가능한 한 ~ 않는 rear
garden : 후원, 뒤뜰 palace : 궁궐 pavilion : 누각, 정자 hill : 언덕 state : 상태

68

constructed by a famous poet during the *Joseon* Dynasty, it has residential quarters, pavilions and ponds set amongst the natural valleys, rocks and water which have not been touched. It reflects a scholarly desire to withdraw from the world in that no more than half of it can be seen from anywhere in the garden.

Other gardens also worth a visit include *Sosoewon* (in *Damyang, Jeollanam-do*), which starts with a bamboo forest trail and ends up deep in a valley; and *Dasan Jeongwon* (in *Gangjin, Jeollanam-do*), where a dense forest path leads to a pavilion with an unobstructed view of the sea.

NOTES

command a grand view of : ～의 전망이 매우 좋다 nearby woods : 근처 숲 pond : 연못 flow : 흐르다 neighboring mountain stream : 주변의 계곡수 representative : 대표하는, 대리의 island : 섬 designed and constructed : 설계되고 건설된 famous poet : 유명한 시인 residential quarter : 주택가 amongst : ～ 사이에 natural valley : 천연 계곡 rock : 바위 reflect : 반영하다, 반사하다 scholarly desire : 학자적인 욕구 withdraw : 물러나다, 철수하다 no more than : 겨우, 기껏 anywhere : 어디든지

Harry

Wow, this is really gorgeous! What is it?

Miyeong

It's the rear garden of *Changdeok* Palace, which is a typically Korean garden.

Harry

A typically Korean garden? What do you mean?

Miyeong

While Western gardens tend to seek artificial beauty, in Korean gardens the emphasis is on harmony with nature. Look! Those pavilions and ponds were built without making any unnatural adjustments to the immediate surroundings like the hills or streams.

Harry

How are they different from Chinese or Japanese gardens?

NOTES

include : 포함하다 bamboo forest : 대나무 숲 trail : 오솔길, 산길 end up : 끝나다
dense forest path : 울창한 숲의 오솔길 lead to : ~로 이끌다 unobstructed view : 훤
히 뚫린 경관

Miyeong   There certainly is some difference among them. Generally, Chinese people try to move nature into their garden, rather than the other way around. Which means they re-create a whole new artificial nature. Likewise, the Japanese show the same tendency, but the re-creation is done on a rather smaller scale.

Harry   I see.

gorgeous : 화려한, 굉장한 seek : 찾다, 모색하다 artificial beauty : 인공적인 미
emphasis : 강조 unnatural adjustment : 부자연스러운 조정 immediate : 인접한, 즉
각적인 certainly : 확실히, 틀림없이 likewise : 마찬가지로 tendency : 경향, 추세
scale : 규모, 척도

Nestled inside Changdeok ~ as little as possible

Nestled inside ~는 과거분사구로 주어가 아니라 보어다. 강조를 위해 보어가 문두로 나오면서 주어가 뒤로 빠졌다. 주어는 one of ~ gardens 다.

which was built ~는 계속적 용법의 관계대명사절이고, touching은 분사구문이다.

little은 '거의 ~ 않는'이라는 부정의 의미를 지니는 어휘다. 따라서 '가능한 한 자연 환경을 건드리지 않고'라는 뜻이 된다.

The rear garden ~ the nearby woods

that절 앞의 명사가 a state of nature로 단수인데 동사는 복수 동사가 쓰였다. 이 문장에서 that절의 선행사는 a state of nature가 아니라 hills이기 때문이다. 해석하자면 '인근 숲이 아주 잘 보이는 자연 그대로의 언덕들'이 된다.

Designed and constructed ~ have not been touched

Designed and constructed by ~는 분사구문이다. 현재분사인지 과거분사인지를 결정하는 데는 전치사가 중요한 단서가 된다. 만약 Designed와 constructed 부분을 비워두고 써넣는 문제라면 전치사 by를 보고 과거분사라는 것을 눈치채야 한다.

set은 과거분사다. set은 과거 · 과거분사가 기본형과 동일하다. '천연 계곡 사이에 세워진'이라는 뜻으로 ponds를 수식하고 있다.

which have not been touched는 주격 관계대명사절로 the natural valleys, rocks and water를 수식하고 있다.

Other gardens also ~ view of the sea

also worth a visit은 앞에 which[that] are가 생략된 구문이다. '가볼

만한 다른 정원들'이라는 뜻으로 주어 Other gardens를 수식하고 있다. which starts ~와 ends up ~의 주어는 앞의 선행사 Sosoewon이고, where a dense forest ~는 관계부사로 Dasan Jeongwon을 수식하고 있다.

While Western gardens ~ harmony with nature

while은 '~하는 반면'이라는 뜻의 접속사다. 뒤에 나오는 in Korean gardens는 부사 역할을 하는 전치사구이고, 주절의 주어는 the emphasis다. on harmony는 형용사적으로 쓰인 전치사구로 보어 역할을 한다. 전치사 on이 쓰인 것은 emphasis나 emphasize가 주로 전치사 on과 쓰이기 때문이다.

There certainly ~ among them

there certainly is의 주어는 some difference다. some 뒤에는 대개 복수 명사가 오는데 여기서는 difference가 추상 명사이기 때문에 단수가 쓰였다. 뒤에 가산 명사가 올 때도 단수·복수 명사가 다 쓰일 수 있는데, 복수 명사가 오는 경우 '몇몇, 일부'의 뜻이지만, 단수 명사가 오는 경우 '어떤'이라는 뜻이다.

among은 셋 이상의 사이를 의미한다. 반면 between은 둘 사이를 의미한다.

한국 정원은 자연 그대로의 아름다움으로 특징지워진다. 정원뿐 아니라 모든 한국 문화에서 자연과의 조화는 최고의 미적 가치다.

창덕궁의 안쪽에 가장 대표적인 한국 정원 하나가 자리잡고 있는데, 주변의 자연환경을 거의 건드리지 않고 지어진 것이다. 이 창덕궁 후원은 자연 그대로의 언덕 위에 정자를 지어 주변 숲의 경관을 잘 볼 수 있게 했고, 인근 산에서 오는 물줄기의 흐름을 따라 크고 작은 연못을 만들어 놓았다.

전형적인 한국식 정원은 지방 곳곳에서도 찾아볼 수 있는데, 전남 해남 근처의 보길도에 있는 '부용동 정원'이 대표적인 예다. 조선시대의 유명한 시인이 설계해서 만든 부용동 정원은 자연 그대로의 산, 계곡, 바위, 물을 그대로 살려 집과 정자와 연못을 지었다. 특히 정원 어느 곳에서도 정원의 반 이상은 보이지 않도록 설계한 것은 세상으로부터 은둔하려는 선비의 정신을 반영한 것이다.

그 밖에 대나무 숲길에서 시작해서 계곡 깊숙이 이어지는 전라남도 담양의 '소쇄원', 울창한 숲길을 따라 가면 바다가 한눈에 들어오는 곳에 정자가 나오는 전라남도 강진의 '다산정원'도 가볼 만한 곳이다.

에디   와우, 정원이 정말 아름답다? 여기는 어디야?

미영   이곳은 창덕궁 후원으로 전형적인 한국의 정원이지.

에디   전형적인 한국식 정원이라고? 무슨 뜻이지?

미영   서양식 정원이 인공적인 아름다움을 추구하는 반면, 한국식 정
      원은 자연과의 조화를 강조하지. 저기 봐! 언덕이나 개울 같은
      주변 환경에 인공적인 손질을 전혀 가하지 않고 정자를 짓고 연
      못을 만들었잖아.

에디   중국이나 일본의 정원과는 어떻게 다르지?

미영   한국의 정원은 중국이나 일본의 것과도 조금 다르지. 일반적으
      로, 중국 사람들은 자연의 아름다움을 살리기보다는 자신의 정
      원 속에 자연을 옮겨놓으려고 하지. 말하자면 인공적인 자연을
      만든다는 뜻이지. 반면 일본 사람들도 비슷한 경향을 보이지만
      작게 축소해서 재현을 하지.

에디   아, 그렇구나.

Gyeongju, the City of Ancient History

Most kingdoms and dynasties that ruled over the Korean peninsula continued their reign for more than 500 to 1,000 years. Therefore, it is no wonder that their capitals have still retained a rich cultural heritage. Among them, *Pyeongyang* and *Gaeseong*, the capitals of the *Goguryeo* Kingdom and the *Goryeo* Dynasty, respectively, now belong to North Korean territory. In the southern half of the peninsula are *Gongju* and *Buyeo*, capitals of the *Baekje* Kingdom; Seoul, capital of the *Joseon* Dynasty; and *Gyeongju*, capital of the *Silla* Kingdom.

Both *Gongju* and *Buyeo* are ancient cultural cities harboring many historic ruins, but as relatively short-lived capitals, they tend to draw less attention. Seoul is said to have lost its luster as the glorious capital of the *Joseon* Dynasty as it developed into a modern metropolis. On the other hand, *Gyeongju*, which

ancient history : 고대사 kingdom : 왕국 dynasty : 왕조 rule over : ~를 지배하다, 통치하다 continue : 계속하다, 지속하다 reign : 지배, 통치; 통치하다 therefore : 따라서, 그러므로 It is no wonder : 조금도 이상할 것이 없다 capital : 수도, 주도 retain : 간직하다, 유지하다 cultural heritage : 문화 유산 respectively : 각각 belong to : ~에 속하다, ~의 소유이다 territory : 영토, 영역 harbor : 품다, 숨겨주다 historic ruins : 역사적인 유적 relatively : 상대적으로 short-lived : 수명이 짧은, 단명

served as the capital of the *Silla* Kingdom for 992 years, is still rich in world-celebrated cultural heritage, including as many as 31 national treasures like grand royal tombs and Buddhist relics.

A trip to *Gyeongju* is not complete without visiting *Namsan* ('*san*' means a mountain). Consisting of two moderately high mountains, it has pagodas, temple sites and royal tombs scattered about its valleys and peaks. With 466 historical remains of the *Silla* Kingdom, the mountain itself is a veritable outdoor museum and it has been designated a World Heritage site by UNESCO.

NOTES

한 tend to V : ~하기 쉽다 draw attention : 주목을 끌다 luster : 광채, 영광 glorious : 영광스러운, 영예로운 modern metropolis : 현대 도시 on the other hand : 반면, 한편 serve as : ~의 역할을 하다 world-celebrated : 세계적 찬사를 받는 national treasure : 국보 grand royal tomb : 왕릉 Buddhist relics : 불교 유물 moderately : 적당히, 알맞게 pagoda : 탑 temple site : 절터 scatter : 흩뿌리다 peak : 산꼭대기, 봉우리 veritable : 실제의, 진실의 outdoor museum : 야외 박물관

DIALOGUE

Alley   Jinwoo, Korea has a long history, so it must have quite a few ancient cultural cities here and there.

Jinwoo   You're right. There were tens of kingdoms and states that reigned on the peninsula. Like *Goguryeo*, *Baekje*, *Silla*, *Goryeo* and *Joseon*, to name a few. Their capital cities are still recognized for their historic and cultural value. Among them, Pyeongyang and *Gaeseong*, the capitals of *Goguryeo* and *Goryeo*, respectively, are not accessible because they're in North Korea. *Gongju* and *Buyeo*, both capital cities of the *Baekje* Kingdom, were relatively short lived because *Baekje* moved its capital several times. And as you know, our capital city Seoul was once the capital of the *Joseon* Dynasty. Except for Seoul,

NOTES

designate : 지정하다, 선정하다

Gyeongju is Korea's ancient cultural city with the longest history.

Alley   Would you tell me a little more about *Gyeongju*?

Jinwoo   It was the capital of the *Silla* Kingdom for nearly 1,000 years. It still has the largest concentration of historic remains. No wonder it's called a museum without walls. The city has a number of national treasures and cultural assets, including *Bulguksa*, *Seokguram* and many royal tombs. *Bulguksa*, in particular, has been named a World Heritage site by UNESCO. You must visit it while you're in Korea.

quite a few : 많은   to name a few : 몇 가지 이름을 들면   recognize : 인식하다, 인정하다   several : 몇몇의   nearly : 거의   concentration : 집중, 전념   a museum without wall : 벽 없는 박물관   cultural asset : 문화 유산   in particular : 특히

Most kingdom and ~ 500 to 1,000 year

주격 관계대명사 구문이다. 선행사는 Most kingdoms and dynasties 로 전체 문장의 주어인 동시에 that절의 주어 역할도 겸하고 있다.
ruled over는 that절의 동사고 continued가 문장 동사다. 동사, 특히 타동사가 과거분사로 쓰인 것인지 동사의 과거형으로 쓰인 것인지를 판단하는 데 있어 명사나 전치사를 확인하는 것이 가장 빠른 방법이다. 뒤에 전치사 없이 바로 명사(목적어)가 이어지면 동사의 과거형이고, 〈전치사 + 명사〉가 이어지면 과거분사다. 단, 주의할 것은 4형식 동사(수여동사)나 목적보어로 명사를 취하는 5형식 동사일 때는 주의해야 한다. 둘다 동사 뒤에 명사 두 개가 이어지는 형태이기 때문에 수동태로 바뀌어도 명사 하나는 남기 때문이다.

Therefore, it is no wonder ~

therefore, however, nonetheless, nevertheless 등은 접속부사다. 두 개의 문장을 서로 연결하는 역할을 한다는 면에서는 종속접속사 (because, since, as, although, though 등)와 비슷하지만 종속접속사 처럼 두 문장을 주절과 종속절로 만들어 하나의 문장으로 만들 수는 없다. 즉, 〈주어 + 동사 + 접속부사 + 주어 + 동사〉와 같은 쓰임은 불가능하다.
또 하나 알아둘 것은 종속접속사가 이끄는 절은 전체가 하나의 부사다. 따라서 종속접속사절만으로는 문장을 이룰 수 없다. 구어에서는 〈종속접속사 + 주어 + 동사〉만으로 문장을 완결하는 경우도 있지만 문법적으로는 〈종속접속사 + 주어 + 동사(종속절), 주어 + 동사(주절)〉와 같이 반드시 주절이 있어야 한다.

Both Gongju and Buyeo ~

상관접속사 문제는 시험에 자주 출제된다. both의 경우 both A and B 로, either의 경우 either A or B로, neither는 neither A nor B로 사

용된다. both의 경우 대상이 두 개일 때만 사용되는데, 간혹 틀린 곳 찾기 문제에서 both A, B, and C로 출제되기도 한다.

Seoul is said ~ into a modern metropolis

Seoul is said to have lost ~는 절로 바꾸면 They say Seoul lost ~ 가 된다. to have lost가 완료부정사이기 때문에 종속절의 시제는 한 시제 앞선다는 데 주의해야 한다. 토익에서는 절대 출제되지 않는 문제지만 수능에서는 출제되곤 하던 문제다.

뒤에 as ... as ~가 보이는데 우리가 흔히 알고 있는 원급비교 구문이 아니다. 앞에 as는 '~로서'라는 뜻의 자격을 나타내는 전치사고, 뒤의 as는 '~함에 따라'라는 이유를 나타내는 접속사다. as절에 쓰인 develop은 주로 타동사로 쓰이지만 여기서는 자동사로 쓰였다.

A trip to Gyeongju ~

trip, visit, travel 등은 명사로 쓰일 때 연결어로 전치사 to가 쓰인다는 것을 기억해두자. 즉, 〈trip/visit/travel + to + 장소 명사〉와 같이 쓰인다. 특히, visit의 경우 동사로 쓰일 때는 타동사이기 때문에 전치사 없이 바로 명사가 온다. 하지만 travel은 타동사로서 바로 명사가 이어지기도 하지만, in, over, around 등의 전치사가 이어지기도 한다.

한반도를 지배한 대부분의 왕국이나 왕조들은 짧게는 500년에서 길게
는 1,000년 동안 통치를 지속했다. 따라서 각 나라들의 수도 역시 오랜
역사적 전통을 자랑한다. 그 중 고구려의 수도였던 평양과 고려의 수도
였던 개성은 현재 북한땅이다. 남한에는 백제의 수도였던 공주와 부여,
조선의 수도였던 서울, 그리고 신라의 수도였던 경주가 있다.

공주와 부여도 많은 유물을 보유한 유적지이긴 하지만, 수도였던 기간
이 비교적 짧아 주목을 덜 받는 경향이 있다. 조선왕조의 수도였던 서
울은 현대에 들어 거대도시로 성장하면서 고대의 영광이 많이 퇴색되어
버렸다. 반면 992년 동안 신라의 수도 역할을 해온 경주에는 왕릉과 불
교유적 등, 31점의 국보를 비롯해 세계 문화 유적들이 많이 남아 있다.

경주에 가면 반드시 경주 남산에 올라가 봐야 한다. 높지 않은 두 개의
산으로 이루어져 있는데, 계곡과 봉우리 곳곳에 탑이나 절터, 왕릉이
산재해 있다. 466점의 신라 유물을 보유하고 있어, 산 자체가 하나의
야외 박물관이다. 이런 이유로 남산은 유네스코에 의해 '세계문화유산'
으로 지정되었다.

앵커   진우, 한국은 역사가 긴 만큼 유서 깊은 도시도 많겠네.

진우   맞아. 한반도를 다스렸던 왕조나 나라가 수십 개는 되지. 몇 가지 예를 들면 고구려, 백제, 신라, 고려 등이 있지. 그 수도들은 지금까지도 역사적·문화적 가치를 인정받고 있어. 그 중 고구려와 고려의 수도인 평양과 개성은 북한 땅이라 가볼 수 없고, 백제의 공주와 부여는 수도였던 기간이 짧아. 백제는 수도를 여러 번 옮겼었거든. 알다시피 우리의 수도인 서울은 한때 조선왕조의 수도였어. 서울을 빼면 경주가 오랜 역사를 지닌 유서 깊은 도시지.

앵커   그럼 경주에 대해서 이야기 좀 해 줄래?

진우   경주는 1,000년 가까이 신라의 수도였어. 경주에는 수많은 역사적 유물이 집중되어 있고, 그래서 '벽 없는 박물관'이라고 불리고 있지. 불국사와 석굴암을 비롯해 불상과 왕릉 등 수많은 국보와 문화재를 간직한 도시지. 특히 불국사는 유네스코에 의해 '세계문화유산'으로 지정되었지. 한국에 있는 동안 한번쯤 방문해보아야 할 곳이야.

National Security in Korea, World's Last Divided Country

The Korean peninsula is divided and the state of division has long lasted regardless of the will of the Koreans. Even the armistice agreement was signed by delegates of China and the United Nations to put an end to the Korean War in 1953.

When the war broke out, the military command and control system of South Korea was handed over to the UN commander-in-chief. Several decades have passed since the war, but UN forces, mainly consisting of U.S. soldiers, are still stationed across the peninsula to monitor the truce pact. As Korean-American ties strengthened in 1978, the operational command authority was transferred to the Combined Forces Command. Later, in 1994, as the issue of building an independent national defense system surfaced, the South Korean forces regained the operational control authority in peacetime, but this has to be

national security : 국가안보 divided country : 분단국가 the state of division : 분단 상태 last : 지속하다, 계속하다 regardless of : ~와 관계없이 will : 의지, 뜻 armistice agreement : 휴전 협정 delegate : 대표, 사절 put an end to : ~를 종식시키다, 끝내다 Korean War : 한국전쟁(6 · 25동란) break out : 발발하다 military command and control system : 군 지휘 · 통제 시스템 hand over : 양도하다, 넘겨주다 command-in-chief : 최고 사령관 pass : 지나다, 경과하다 mainly : 주로

turned over to the American forces in case of war.

Nearly 32,000 U.S. forces are currently stationed at military installations peninsula-wide under the command of the Second Infantry Division. As international commitment expectations have changed after the Cold War, the U.S. is now more concerned about establishing peace across Northeast Asia than deterring a potential war between the two Koreas. Much of the international community, including America, still keeps guard against North Korea, but the majority of the South Korean population is more focused on the possibility of unification rather than the threat of war.

NOTES

consist of : ~로 구성되다 soldier : 군인 station : 주둔시키다 monitor : 모니터하다, 감시하다 truce pact : 휴전 협정 tie : 유대, 인연 strengthen : 강화하다 operational command authority : 작전 지휘권 transfer : 이전하다, 옮기다 Combined Forces Command : 연합군 사령부 issue : 발행, 논점 build : 건설하다, 짓다 independent national defense system : 국방 자주권 surface : 부상시키다 regain : 되찾다, 회복하다 operational control authority : 작전 통제권 in peacetime : 평화시에

Harry   Miyeong, since when has the Korean peninsula been divided?

Miyeong   Right after liberation from Japanese occupation in 1945. The Soviet Union and the United States divided the peninsula along the 38th parallel and assumed the trusteeship for each half. But it was in 1953 after the Korean War that this state of division was finally determined.

Harry   How long did the war last?

Miyeong   Three years, one month and two days, exactly. It began on June 25, 1950, and ended on July 27, 1953. But to be more accurate, the war is still on.

Harry   What do you mean?

NOTES

turn over : 넘겨주다, 인계하다 currently : 지금, 널리 military installations : 군사 시설 the Second Infantry Division : 제2보병사단 international commitment expectations : 국제 정치 환경 deter : 단념시키다, 그만두게 하다 potential war : 전쟁 가능성 keep guard : 지키다, 경계하다 majority : 대다수 possibility : 가능성 unification : 통일 rather than : 차라리 ~하기보다는 threat : 위협

Miyeong	The war is not exactly over. It's been on hold with the signing of the truce agreement.
Harry	You Koreans must be scared of a possible threat of war then.
Miyeong	I'm afraid so.

NOTES

liberation : 해방 Japanese occupation : 일제 강점 the 38th parallel : 3·8선 assume : 추측하다, ~인 체하다 trusteeship : 신탁 통치 determine : 결정하다, 결심하다 accurate : 정확한, 정밀한 be over : 끝나다 on hold : 보류상태인, 연기된 scare : 위협하다, 놀라게 하다

한반도는 우리의 의지와 상관없이 분단이 되었고, 분단 상태가 오랜 세월 동안 지속되어 왔다. 심지어는 1953년 한국전쟁을 끝내는 휴전협정도 중국과 유엔군 대표단에 의해 체결되었다.

한국전쟁이 발발하자 남한의 군사작전 통제권은 유엔군 총사령관에게 위임되었다. 전쟁이 끝난 지 수십 년이 지났지만 아직까지도 미군이 중심이 된 유엔군이 한국에 주둔하며 정전 협정을 감시하고 있다. 1978년에는 한미 동맹이 강화되면서 군사작전 통제권이 한미연합군 사령관에게 이양되었다. 이후 1994년에 국방 자주권이 문제로 떠오르면서 평시 작전통제권은 한국군에게 돌아왔지만, 전시 작전통제권은 여전히 미군이 가지고 있다.

현재는 약 32,000명 규모의 미군이 미 제2보병사단의 지휘 아래에 한반도 전역에 주둔해 있다. 냉전 이후 국제 정치 환경이 변화함에 따라, 이제 미국은 남북한간의 전쟁 억지보다는 동북아의 평화 구축에 더 큰 관심을 가지게 되었다. 미국을 비롯한 세계 여러 나라들이 북한에 대한 의심의 눈초리를 거두지 않고 있지만, 대다수의 한국인들은 전쟁 위협보다는 통일 가능성에 더 많은 비중을 두고 있다.

미영, 한반도는 언제부터 분단이 된 거지?

1945년 해방 직후에 분단이 되었지. 그 당시 소련과 미국이 38선을 기준으로 남북한을 분할 점령하게 되었어. 하지만 지금과 같이 분단이 고착화된 것은 한국전쟁 이후인 1953년이야.

한국전쟁은 얼마동안 지속된 거야?

정확하게 3년하고도 1개월 2일이지. 1950년 6월 25일에 시작되어서 53년 7월 27일에 끝났으니까. 하지만 엄밀하게 말하면 한국전쟁은 아직도 진행중이야.

무슨 뜻이지?

전쟁이 완전히 끝나지는 않았다는 뜻이야. 휴전 협정이 맺어지면서 전쟁이 중단된 상태지.

그럼 한국사람들은 전쟁에 대한 두려움이 크겠구나.

그렇지.

Korean Traditional Holidays

Seolnal and *Chuseok* are the two biggest traditional holidays in Korea. Falling on the first day of the lunar new year, *Seolnal*(Lunar New Year's Day) is mainly an occasion for praying for peace and prosperity throughout the coming year. On *Chuseok*(Harvest Moon Festival), the 15th day of the eighth lunar month when the full moon is up, friends and families get together to celebrate the year's harvest.

On such special occasions, Koreans perform a memorial service called *Charye* in order to express gratitude to their ancestors and pray for success. At *Chuseok*, in particular, grateful descendants offer the year's first harvested grains and just-picked fruits.

Special holiday dishes for *Seolnal* and *Chuseok* are tteokkuk and songpyeon respectively. Tteokkuk is rice cake soup made with

traditional holidays : 전통 명절 fall on : (날짜 등이) ~에 해당하다 mainly : 주로 occasion : 경우, 때 peace : 평화 prosperity : 번영, 번창 throughout : 도처에, 온통 coming year : 다가오는 해 Harvest Moon Festival : 추석 lunar : 음력의, 달의 full moon : 보름달 be up : 오르다, 떠 있다 get together : 모이다 celebrate : 축하하다 harvest : 추수, 수확 special occasion : 특별한 날/경우 perform : 수행하다, 거행하다 memorial service : 추모의식 gratitude : 감사 ancestor : 조상, 선조

flat, oval slices of a long, cylinder-shaped rice cake cooked in beef or anchovy broth. *Songpyeon* is a typical rice cake confection shaped like a half moon and filled with sweetened beans, red beans or chestnuts inside.

As a traditional holiday dish, *tteokkuk* retains some old symbolic meanings. Eating a bowl of *tteokkuk* signifies growing one year older. The long, slender rice-cake stick, the main ingredient of *tteokkuk*, signifies a soul growing mature over a long period of time, and its slices stand for a day or a year.

NOTES

pray for success : 성공을 기원하다 grateful : 고맙게 여기는 descendant : 자손, 후예 first harvested grain : 처음 수확한 곡식 just-picked fruit : 금방 딴 과일 special holiday dish : 특별한 명절 음식 respectively : 각각, 저마다 rice cake : 떡 flat : 평평한 oval : 타원형의, 계란 모양의 slice : 얇게 썬 조각 cylinder-shaped : 실린더 모양의, 원통 모양의 cook : 요리하다 beef : 쇠고기 anchovy broth : 멸치국물 typical : 전형적인 confection : 과자, 사탕 절임 half moon : 반달

Alex   Hey, what are you eating?

Jinwoo   Oh, this? It's *songpyeon*. Do you want to try it?

Alex   *Songpyeon*?

Jinwoo   As you know, today's *Chuseok*, one of the biggest Korean holidays. *Songpyeon* is a special confection for *Chuseok*.

Alex   Yeah? What's it like?

Jinwoo   Our *Chuseok* is like your Thanksgiving. *Songpyeon* is usually made with freshly harvested grains and cereals.

Alex   How do you make it exactly?

filled with : ~로 채워진 sweetened : 달콤하게 한 chestnut : 밤 retain : 보유하다, 간직하다 symbolic meaning : 상징적인 의미 signify : 의미하다, 나타내다 grow one year older : 한 살 더 먹다 slender : 가느다란, 날씬한 stand for : 나타내다, 상징하다

Jinwoo   The main ingredients are rice flour and fillings such as sweetened red beans, chestnuts, sesame seeds and mung beans. The cakes are put in a steamer with pine needles at the bottom.

Alley   May I try it?

NOTES

Thanksgiving : 추수감사절 freshly : 신선하게, 새롭게 cereal : 곡식, 곡물 flour : 밀가루 filling : 속을 채운 것 sesame seeds : 깨 mung beans : 녹두 streamer : 찜통, 시루 pine needle : 솔잎

93

한국에서 가장 큰 명절은 '설날'과 '추석'이다. '설날'은 음력으로 새해의 첫날이고, 주로 한 해 동안 평안과 번영을 기원하는 날이다. 보름달이 뜨는 음력 8월 15일인 추석은 친구와 가족들이 모여 한 해의 수확을 축하하는 날이다.

한국사람들은 명절 때면 조상에게 감사를 드리고 성공을 기원하는 의식을 치르는데 이것을 '차례'라고 한다. 특히 추석 때는 그 해에 처음 수확된 곡식과 과일을 올리며 감사를 드린다.

설날과 추석에는 특별한 음식을 먹는데, 그것은 '떡국'과 '송편'이다. 떡국은 긴 원통 모양의 쌀로 만든 떡을 납작한 타원형으로 썰어 쇠고기나 멸치 국물과 함께 끓인 것이다. 반면 송편은 반달 모양의 전형적인 쌀떡으로 속에 단팥이나 콩, 밤 등을 채워 넣은 것이다.

전통적인 명절 음식인 떡국에는 상징적인 의미가 있다. 떡국을 먹으면 '나이를 한 살 먹는다'고 하는데, 떡국의 주재료인 긴 떡은 세월의 흐름에 따라 영혼이 성장하는 것을 상징하고, 작게 썬 떡은 하루 또는 한 해를 의미한다.

앤리 뭘 먹고 있어?

진우 응, 송편이야. 너도 한번 먹어볼래?

앤리 송편?

진우 너도 오늘이 우리나라 최대의 명절인 추석이라는 것은 알지? 송편은 추석에 먹는 특별한 음식이야.

앤리 그래? 어떤 음식인데.

진우 추석은 너희 나라의 추수감사절과 같은 거야? 송편은 대개 막 수확한 신선한 곡식으로 만들지.

앤리 어떻게 만드는 거지?

진우 주재료는 쌀인데, 단팥, 밤, 깨, 녹두 등으로 속을 채우지. 그걸 바닥에 솔잎을 깐 시루에 넣어 찌는 거야.

앤리 어디 나도 한번 먹어볼까?

Christianity in Korea

When Catholicism was first introduced to Korea around 200 years ago, it was subjected to severe persecution largely because the new faith completely denied the Confucian order, dominant during the *Joseon* Dynasty, and also disregarded the time-honored practice of ancestor worship as a mere form of superstition.

Over the past few decades, however, the world has witnessed the remarkable expansion of Christianity in Korea. Almost a fourth of the population have professed to be Christian, and the nation has five of the world's largest Christian churches. That is rather dramatic progress for a country that produced a great number of religious martyrs due to relentless oppression. One of the biggest spurs to the growth of the Christian faith in Korea is that it has been adjusted to be relevant to Korean

Christianity : 기독교 Catholicism : 가톨릭교, 천주교 introduce : 소개하다 subject : 당하게 하다, 겪게 하다 severe : 심한, 호된 persecution : 박해, 학대 faith : 신뢰, 믿음 completely : 완벽하게, 완전히 deny : 부인하다 Confucian : 유교 dominant : 지배적인, 우세한 disregard : 무시하다, 경시하다 time-honored practice : 유서 깊은 관습 ancestor worship : 조상 숭배 mere : 단지 superstition : 미신 over the past few decades : 지난 수십 년에 걸쳐 witness : 목격하다

needs. As with Buddhism earlier in history, significant adjustments were made to Christianity to make it compatible with Korean religious traditions and the folk culture of pursuing divine blessings and good fortune. Thanks to such tolerant Christian policy, Korean converts came to be able to pray for the same mercy and blessings, though to a different deity. And of course, it should not be forgotten that one of the most important factors leading to the eventual widespread acceptance of Christianity was untiring efforts of countless devoted evangelists and missionaries.

NOTES

remarkable : 주목할 만한, 두드러지는 expansion : 확장, 팽창 profess : 고백하다, 공언하다 Christian church : 기독교 교회 dramatic progress : 극적인 진전 religious martyr : 순교자 relentless : 냉혹한, 잔인한 oppression : 억압, 압박 spur : 자극, 격려 growth : 성장 adjust : 적응하다, 순응하다 relevant : 관련된, 적절한 Buddhism : 불교 significant : 중요한, 소중한 adjustment : 적응, 순응 compatible with : ~와 양립할 수 있는 religious tradition : 종교적인 전통 folk culture : 민속 문화

DIALOGUE

Harry   Christianity's enjoying huge popularity in Korea, isn't it?

Miyeong   Yes, it is. The number of Protestant churches is enormous, and some of them are world-famous for their large congregations.

Harry   What do you think is the reason behind the dramatic growth of Christianity in Korea?

Miyeong   I think it's because Christianity has made some important adjustments.

Harry   Adjustments? What kind of adjustments?

Miyeong   Native Korean religions are closely related to wishing for blessings in this life. But on the other

NOTES

pursue : 쫓다, 추적하다 divine blessing : 신의 은총 tolerant : 관대한, 아량이 있는 policy : 정책, 방침 convert : 개종시키다, 전향시키다 mercy : 자비 deity : 신성 factor : 요소 eventual : 최후의, 결과적인 widespread : 광범위한, 일반적인 acceptance : 수락, 용인 untiring effort : 불굴의 노력 countless : 셀 수 없는 devoted : 헌신적인 evangelist : 전도사 missionary : 선교사

hand, Christianity puts more emphasis on the life to come after this life. If it had stayed that way, it would not have appealed to us. Most Koreans pray to their god for success and prosperity in this secular world. For example, for their businesses to prosper or for their children to go to a good college.

Harry   I see.

NOTES

popularity : 인기, 평판 world-famous : 세계적으로 유명한 congregation : 모임, 집회
closely related : 밀접하게 관련된 on the other hand : 한편으로는 put emphasis on :
~에 중점을 두다 appeal : 호소하다, 간청하다 secular : 세속의, 현세의 prosper :
번창하다, 번영하다

200여 년 전 가톨릭이 처음 조선에 전파되었을 때 많은 박해를 받았는데, 그 이유는 가톨릭이 그 당시에 조선 사회를 지배하고 있던 유교적 신분질서를 전면적으로 부정하고, 우리의 조상숭배 전통을 미신으로 치부했기 때문이다.

하지만 지난 수십 년 간 기독교는 우리나라에서 주목할 만한 성장을 이루었다. 전국민의 1/4이 신자가 되었고, 세계 최대 규모의 교회 다섯 개가 한국에 있다. 무자비한 박해로 수많은 순교자를 낳았던 나라치고는 너무도 놀라운 변신이다.

한국에서 기독교가 이렇게 성장하게 된 가장 큰 요인은 한국인의 필요에 맞게 변화했기 때문이다. 일찍이 불교가 그랬듯 기독교도 한국인의 종교관과 현세의 축복과 행운을 추구하는 민간 풍습에 화합하여 변화되었던 것이다. 기독교의 그런 포용성 덕분에 한국의 개신교도들은 다른 신이긴 했지만 똑같은 은총과 축복을 빌 수 있었던 것이다. 물론 기독교가 광범위하게 전파될 수 있었던 가장 중요한 요인은 신앙을 전파하기 위해 헌신한 수많은 목회자들의 부단한 노력이 있었기 때문이라는 것을 잊어서는 안 된다.

에리 　한국에는 기독교 신도가 엄청 많지, 그렇지 않아?

미영 　맞아. 교회의 수도 엄청나고, 그 중 몇몇 교회는 신도들이 많기
　　　로 세계적으로 유명하지.

에리 　한국에서 기독교가 번성할 수 있었던 이유가 뭐라고 생각해?

미영 　그건 아마 기독교의 양보 덕분이 아니었을까?

에리 　양보? 어떤 양보?

미영 　우리 고유의 신앙은 현세 기복과 밀접하게 연관되어 있지. 하지
　　　만 기독교는 내세관을 중요시하는 종교잖아. 아마 그런 종교관
　　　을 고수했다면 한국사람들에게 외면당했을 거야. 우리나라 사람
　　　들은 자신들의 신에게 현세에서의 성공과 번영을 기원하지. 예
　　　를 들면 사업이 번창하게 해달라거나, 자식들이 좋은 대학에 들
　　　어가게 해달라는 식이지.

에리 　그렇구나.

The Korean Culture & Heritage

The establishment of the first state on the Korean Peninsula goes back as far as 5,000 years ago to around 2333 B.C. Dangun Wanggum

establishment of the first state on the Korean Peninsula goes back as far as 5,000 years ago to around 2333 B.C. It dominated the region for

After the fall of Gojoseon followed a period marked by the struggle of three rival kingdoms: Goguryeo, Baekje and Silla. It is referred t

northeast of China, once the territory of Gojoseon. At the late 7th century, however, Silla in alliance with Tang China succeeded in conq

Goguryeo's terrain to China. Therefore, it was nothing but an incomplete unification.

As Unified Silla fell into decline, two major groups of rebel leaders emerged as self-proclaimed successors of Baekje and Goguryeo an

nations, which was around the early 10th century. The rule of the Goryeo Dynasty lasted for some 400 years till the 14th century.

After the Goryeo Dynasty came the Joseon Dynasty followed by the 30-year Japanese occupation, and then the establishment of the Repu

ory reaching from northeastern part of China to the whole peninsula, and founded Gojoseon which was the first kingdom of Korea. The

s till 108 B.C.

ngdoms Period. Of the three, Goguryeo was the largest kingdom, claiming sovereignty over the northern part of the peninsula and the

als and established Unified Silla. Nevertheless, since its unification effort was not completely independent, it had to give up most of the

state Latter Baekje and Goryeo, respectively. This so-called Latter Three Kingdoms Period ended when Goryeo defeated the other two

.5.

Korean National Costume, Hanbok

Korea's traditional clothing is called *hanbok*. The men's *hanbok* consists of a jacket and trousers; the women's, a jacket and a skirt. They are all voluminous rather than tight with jacket sleeves and pant legs getting narrower toward the end, and both men and women would sometimes wear several layers of undergarments. These distinctive features reflect the characteristics of Korea's subarctic zone climate. In addition, the separate top and bottom, as well as the easy-to-open front allow for free, active movements, indicating cultural attributes passed down from northern nomadic tribes.

The beauty of the traditional Korean costume lies in the soft curves, natural colors and simple design. The women's skirt, in particular, is elegantly long and billowing in a shape that reminds one of a full bodied and elegantly simple pottery jar,

NOTES

costume : 복장, (민속) 의상 traditional clothing : 전통 의복 jacket : 재킷, 양복저고리 trouser : 바지 skirt : 스커트, 치마 voluminous : 부피가 큰, 많은 rather than : ~라기보다는 오히려 tight : 꼭 끼는, 단단한 sleeve : 소매 pant leg : 바짓가랑이 get narrower : 점점 좁아지다 toward : ~를 향해 sometimes : 때때로, 가끔 layer : 층, 겹 undergarment : 내의, 속옷 distinctive feature : 두드러지는 특징 reflect : 반영하다 characteristic : 특징, 성격 subarctic zone climate : 아한대 기후

104

while the jacket is relatively short and tight to the upper body. Unlike Western garments which are given volume artificially, *hanbok* falls into natural lines following the curves of the female body.

Today, there are two types of *hanbok*: one is traditional *hanbok* worn on special occasions such as weddings or big holidays, and the other is modernized *hanbok* tailored to suit contemporary lifestyles and living environments. Recently, many Korean fashion designers have received rave reviews across the world for applying the natural lines and refined patterns of *hanbok* to their works.

NOTES

in addition : 게다가, 덧붙여 separate : 분리된, 갈라진 as well as : ~뿐 아니라
easy-to-open : 열기 쉬운 indicate : 지시하다, 가리키다 cultural attribute : 문화적 특
성 pass down : 전하다, 물려주다 nomadic tribe : 유목민 soft curve : 부드러운 곡선
in particular : 특히, 상세히 elegantly : 우아하게, 고상하게 billow : 굽이치다, 부풀다
remind : 상기시키다, 일깨우다 pottery jar : 도자기 항아리 relatively : 상대적으로
garment : 의상, 옷 artificially : 인공적으로 fall into : ~이 되다, ~에 빠지다

Jinwoo, what do you call your traditional costume?

It's called *hanbok*.

But as far as I know, very few people wear it these days.

Right. Now we don't wear it on an everyday basis. Only on special occasions such as national holidays or weddings.

Why is that? Because it's uncomfortable?

Well, you could say that. But I don't really think so. Actually, the costume itself is not that uncomfortable. But when you're wearing it, you're supposed to behave with more caution. Furthermore, the *hanbok*

female : 여성의   special occasion : 특별한 행사   wedding : 결혼   holiday : 휴일
modernize : 현대화하다   tailor : 맞추어 만들다   suit : 잘 맞다, 어울리다
contemporary lifestyle : 현대의 생활 양식 living environment : 생활 환경 rave : 열광
적인, 격찬하는 review : 비평, 논평 apply : 적용하다, 응용하다 refined pattern : 세
련된 문양 traditional costume : 전통 의상 as far as I know : 내가 알기로는 on an
everyday basis : 일상적으로 uncomfortable : 불편한 actually : 실제로

handed down to the present is the version worn by the upper class, yangban rather than the commoners. No wonder it is less convenient and requires complicated procedures to wear properly. To make up for that, some designers have developed a modernized *hanbok*, which is a lot more convenient and functional but still beautiful. So many people wear it on a regular basis. Still, we do go to the trouble to wear traditional *hanbok* on special occasions.

Thanks for the information.

be supposed to : ~하기로 되어 있다 behave : 행동하다 caution : 주의 furthermore : 게다가 hand down : 후세에 전하다 present : 현재 version : 버전, 변형 worn : wear(입다)의 과거분사 commoner : 평민 convenient : 편리한 require : 요구하다, 필요로 하다 complicated procedure : 복잡한 절차 properly : 적절하게 functional : 기능적인 on a regular basis : 정기적으로 trouble : 곤란, 불편

Korea's traditional clothing ~

clothing은 불가산 명사다. 즉, 앞에 부정관사를 붙일 수 없고 복수형도 만들 수 없고, 수량 형용사의 수식을 받을 때 양을 나타내는 much, little 등의 수식을 받는다. 반면 clothes는 복수 형태로 '옷'이라는 뜻으로 사용 되며, many, few 등의 수식을 받는다. 단수형인 cloth는 '천'이라는 뜻. 그리고 money는 불가산 명사지만 dollar는 가산 명사, machinery는 불가산 명사지만 machine은 가산 명사다.

The men's hanbok ~ and a skirt

the women's, a jacket and a skirt의 원래 문장은 the woman's (hanbok) consists of a jacket and a skirt다. 대개 앞에서 나온 공통 요소는 생략하는 것이 일반적이므로 생략한 것이다. 그리고 the women's는 소유격이 아니라 소유 대명사다.

ex) I left the house for school, and father for work.

나는 학교에 가기 위해 집을 나섰고 아버지는 회사에 가기 위해 집을 나섰 다.

In addition, ~ nomadic tribes

A as well as B가 주어로 쓰일 때 동사의 수는 A에 일치시킨다. 여기서 도 the separate top and bottom에 동사의 수를 일치시켰다. 반면, not only A but also B, neither A nor B, either A or B 등의 다른 상 관접속사는 근자 일치 원칙에 의거 B에 수 일치를 시킨다. both A and B는 무조건 복수 취급한다.

ex) I as well as he am responsible for it.

그뿐 아니라 나도 그 일에 책임이 있다.

Not only he but also I am responsible for it.

그뿐 아니라 나도 그 일에 책임이 있다.

Neither he nor I am responsible for it.

그도 나도 그 일에 책임이 없다.

allow for는 '고려하다, 참작하다'라는 뜻이다. free는 '자유로운'이라는 뜻의 형용사로 active(활동적인)와 함께 명사 movements를 수식하고 있다.

indicating은 and it indicates를 분사구문으로 바꾼 것이고, indicating 뒤에는 명사절을 이끄는 접속사 that이 생략되었다.

Today, there are ~ and living environment

there be 구문에서 주어는 be동사 뒤에 오는 명사다. 이 문장에서는 two types가 주어이고, 거기에 따라 be동사도 복수 동사인 are가 온 것이다. '전자/후자'라고 할 때는 the one/the other를 쓴다. 그 밖에도 the former/the latter, that/this 등이 있다. 여기서는 두 종류를 설명하면서 '하나는' '나머지 하나는'이라는 뜻으로 one, the other를 쓴 것이다.

worn은 wear의 과거분사로 hanbok을 수식하고 있다. 앞에는 which is가 생략되어 있다.

such as는 '~와 같은'이라는 뜻으로 앞의 명사(special occasions)에 대한 구체적인 예가 뒤에 이어지게 된다. 〈such + 명사 + as + 구체적인 예〉의 형태로 쓰이기도 한다.

한국의 고유 의상을 '한복'이라고 한다. 남자 한복은 상의와 바지, 여자 한복은 상의와 치마로 구성되어 있다. 한복은 모두 꽉 조이기보다는 품이 넓으며, 소맷자락과 바짓자락은 끝으로 갈수록 좁아진다. 거기에 남녀 모두 여러 겹의 속옷을 겹쳐 입기도 한다. 이러한 특징들은 우리나라가 아한대성 기후대라는 특성을 반영한 것이다. 그리고 상의와 하의를 분리하고 앞이 트여 있어 활동성을 높인 것은 북방 유목민 계통의 문화 요소가 결합된 결과다.

한복의 아름다움은 부드러운 선, 자연스러운 색, 소박한 형태로 요약할 수 있다. 특히 여성의 한복은 저고리는 짧고 상체에 밀착되지만 치마는 길고 풍성하여, 넉넉하고 소박한 항아리를 연상케 한다. 인공적으로 볼륨을 만들어 주는 서양 옷과 달리, 한복은 여성의 신체 곡선을 따라 자연스러운 선이 살아나도록 한다.

오늘날 한국에는 두 종류의 한복이 있는데, 하나는 결혼식이나 명절 등 특별한 날에 입는 전통 한복이고, 다른 하나는 현대식 주거 문화나 라이프 스타일에 맞게 개량한 생활 한복이다. 최근에는 한국 디자이너들이 전통 한복의 자연스러운 선과 세련된 문양을 자신들의 작품에 적용하면서 세계로부터 격찬을 받고 있다.

앤디 진우, 한국의 전통 의상은 뭐라고 부르지?

진우 '한복'이라고 해.

앤디 한국 사람들은 전통 의상을 잘 입지 않는가 봐.

진우 응, 평상시에는 잘 입지 않고, 명절이나 결혼식과 같은 특별한 날에만 입어.

앤디 왜 그렇지? 한복이 불편한가?

진우 글쎄, 그렇다고 할 수도 있겠지만 내 생각은 달라. 옷 자체가 불편하다기보다는 한복을 입으면 괜히 몸가짐이 조심스러워 지거든. 게다가 오늘날의 한복은 서민들이 입었던 한복이 아니라 '양반'이라고 불리는 귀족들이 입었던 옷이라 기능성이 떨어지고 제대로 갖춰 입는 데도 절차가 좀 까다롭거든. 그래서 이러한 단점을 보완하기 위해 몇몇 디자이너들이 개량한복을 개발했지. 한복의 아름다움은 살리면서도 좀더 쉽게 입을 수 있고 활동하기 편하게 개량한 한복이야. 요즘은 평소에도 이 생활 한복을 입는 사람도 많은데 특별한 날에는 다소 거추장스럽더라도 꼭 전통 한복을 입어.

앤디 가르쳐 줘서 고마워.

Fermentation, Core of the Korean Food Culture

You cannot discuss the Korean traditional diet without mentioning fermentation. Fermented foods and drinks such as wine, cheese and yogurt are of relative importance in Western society, but to Koreans, fermentation technology itself represents their dietary culture and history.

One of the most famous fermented foods of Korea is *kimchi*, which is made of Korean cabbage, radish, cucumbers, onions, scallions, garlic, ginger and other vegetable ingredients. Red pepper powder and *jeotgal*(fermented fish) are added as a seasoning and then this complex mix of interesting flavors is stored at a low temperature to properly mature and ferment. Along with *bibimbap*, *kimchi* is one of the best known Korean foods.

Besides, Korea has a diversity of unique fermented seasonings

NOTES

fermentation : 발효 core : 핵심, 알맹이 food culture : 음식 문화 discuss : 토론하다
traditional diet : 전통 음식 without mentioning : ~를 언급하지 않고 fermented food :
발효 식품 wine : 포도주 cheese : 치즈 yogurt : 요구르트 technology : 기술
represent : 나타내다, 대표하다 dietary culture : 음식 문화 famous : 유명한 be
made of : ~로 만들어지다 Korean cabbage : 배추 radish : 무 cucumber : 오이
onion : 양파 scallion : 파 garlic : 마늘 ginger : 생강 vegetable : 채소

called *jang*(literally meaning sauce), including *cheonggukjang*, soybean paste fermented at a high temperature within a short period of time; *doenjang*, soy bean paste fermented for months and then matured in salty water; *ganjang*, a black salty soy sauce well known to the West; and *gochujang*, a slightly sweet hot paste made from soybeans, glutinous cereal, salt and red pepper powder. These seasonings are essential ingredients in Korean food.

NOTES

ingredient : 재료, 성분 red pepper powder : 고춧가루 seasoning : 양념, 조미료 complex mix : 복잡한 혼합물 flavor : 맛, 풍미 store : 저장하다 temperature : 온도 properly mature : 알맞게 숙성시키다 ferment : 발효시키다 diversity : 다양성 soybean paste : 콩 반죽 short period of time : 짧은 기간 salty water : 소금물 soy sauce : 간장 slightly : 약간, 조금 made from : ~로 만들어진 glutinous : 점착성의, 끈적끈적한 cereal : 시리얼, 곡물 essential : 본질적인, 필수의

DIALOGUE

Alley   Jinwoo, what kind of food is *kimchi*?

Jinwoo   Have you ever tried it before?

Alley   Yeah. Once. It was so hot.

Jinwoo   I know what you mean. *Kimchi* is one of Korea's best-known fermented foods, made by mixing Korean cabbage, radish, scallions, cucumbers and other vegetables with a variety of seasonings. It is usually prepared in early winter and stored underground for proper maturing. The Korean diet is not complete without it. We have many other fermented foods other than *kimchi*.

Alley   Yeah? Like what?

NOTES   **a variety of** : 다양한 **prepare** : 준비하다 **underground** : 지하의

Jinwoo   We have a unique seasoning called *jang* used for salting foods. There are many kinds of *jang* with different ingredients and flavors, and they are all made through fermentation. *Ganjang, doenjang* and *cheonggukjang* are made from soybeans, while the main ingredient of *gochujang* is red pepper powder. Oh, and we can't leave out *jeotgal*, another seasoning used for *kimchi*.

Alley   *Jeotgal*? What's that?

Jinwoo   It's a kind of fermented fish, made with shrimps, fish meat, or eggs or intestines.

complete : 완전한, 전부의 leave out : 빼다, 제외하다 shrimp : 새우 intestines : 창자

115

You cannot ~ without mentioning fermentation

without mentioning~은 관용적으로 '~는 말할 것도 없고'라는 뜻으로
쓰인다. 그리고 cannot ~ without -ing는 '…하지 않고는 ~할 수 없
다'의 뜻이다. 여기서는 후자의 쓰임으로 '발효를 언급하지 않고는 한국
전통 음식을 논할 수 없다'는 뜻이다. without mentioning과 같은 뜻으
로는 not to mention, needless to say, without saying 등이 쓰인다.

of relative importance

〈of + 추상명사〉는 형용사의 뜻을 지닌다. of importance는
important, of use는 useful과 같은 뜻이 된다. 그 밖에 추상명사와 관
련된 특수 용법으로는 〈추상명사 + itself = very + 형용사〉〈all + 추상
명사 = very + 형용사〉〈with + 추상명사 = 부사〉등이 있다.

which is made of ~

made of는 '~로 만들어진'이라는 뜻인데 뒤에 나오는 made from도 같
은 뜻으로 쓰인다. 둘 다 같은 뜻이지만 용법은 조금 다르다. of는 재료의
형태를 유지하면서 만들어질 때 쓰고, from은 재료의 형태가 남아 있지
않은 경우에 쓴다. 예를 들면 wine은 포도로 만들지만 포도의 형태가 남
아 있지 않기 때문에 from을 쓴다. 반면, chair는 재료인 나무의 형태가
남아 있기 때문에 of를 쓴다.
ex) Wine is made from grapes. 포도주는 포도로 만든다.
  A chair is made of woods. 의자는 나무로 만든다.

at a low temperature

'가격, 속도, 온도' 등의 앞에는 전치사 at을 쓴다. 그리고 '단위'와 '차
이'를 나타내는 전치사는 by다.
ex) He drove a car at 80 miles per hour.

그는 시속 80마일의 속도로 차를 몰았다.

It is sold at 10 dollars each/at a low price.

그것은 한 개에 10달러에/싼 가격에 팔린다.

It is sold by the pound.

그것은 파운드 단위로 팔린다.

He is older than me by two years.

그는 나보다 두 살 많다.

Have you ever tried it before?

ever, never는 주로 완료 시제와 함께 쓰인다. 완료 시제와 함께 쓰이는 대표적인 어구로는 since, for, just 등이 있다. 반면, ago, last year, yesterday, just now 등의 명백하게 과거를 나타내는 어구가 있을 때는 반드시 과거 시제를 써야 한다. 그리고 when이 이끄는 시간 부사절에서는 완료 시제를 쓸 수 없다는 것도 알아두자.

ex) We have just arrived at home.

우리는 막 집에 도착했다.

We arrived at home 10 minutes ago.

우리는 10분 전에 집에 도착했다.

He wouldn't tell me when he arrived at home.

그는 언제 집에 도착했는지 말해주려고 하지 않았다.

'발효'를 빼면 한국의 음식을 논할 수 없다. 서양에서도 포도주나 치즈, 요구르트 등 발효식품이 높은 비중을 차지하고 있지만, 한국에서는 발효식품이 음식문화 그 자체를 대표할 정도다.

세계에도 널리 알려진 대표적인 발표식품에는 김치가 있는데, 배추뿐 아니라 무, 오이, 파 등의 다양한 재료로 김치를 담근다. 양념으로 고춧가루, 마늘, 파, 생강 등을 비롯해 발효식품인 젓갈을 넣어 잘 버무린 다음 저온에서 숙성 · 발효시키면 김치가 완성된다. 김치는 비빔밥과 함께 세계에 가장 잘 알려진 한국 음식이다.

그 밖에도 한국의 조미료를 대표하는 것으로 '장'이 있는데, 장 역시 대표적인 발효식품이다. 삶은 콩을 고온에서 빨리 발효시킨 것으로 구수한 맛이 나는 청국장, 삶은 콩을 빚어 만든 덩어리를 몇 개월 간 발효시킨 뒤 여기에 소금물을 부어 숙성시킨 된장, 서양에도 잘 알려진 액체 조미료로 짠맛이 나며 검은색을 띠는 간장, 쌀이나 보리 같은 곡물의 가루에 된장의 원료와 소금, 고춧가루를 섞어 만든 것으로 매우면서도 약간 단맛이 나는 고추장이 있다. 특히 이 장들은 한국의 음식에서 빠지지 않고 들어가는 재료다.

앨리 진우, 김치는 어떤 음식이야?

진우 앨리는 김치를 먹어본 적이 있어?

앨리 한번 먹어봤는데 너무 매웠어.

진우 아마 그럴 거야. 김치는 한국 음식 중 가장 잘 알려진 발효 식품
이야. 배추, 무, 파, 오이 등의 채소를 각종 양념에 버무려 발효
시킨 식품이지. 보통 초겨울에 김치를 담가 땅에 묻어 숙성시키
지. 우리 식단에서는 빼놓을 수 없는 음식이야. 우리 음식 중에
는 그 밖에도 발효식품이 많아.

앨리 어떤 식품이 있는데?

진우 음식의 간을 맞추는 데 사용되는 '장'이라는 독특한 조미료가 있
어. 재료와 맛이 다른 여러 가지 '장'이 있는데, 이것들도 모두
발효를 통해 만들지. 그 종류로는 콩을 주원료로 하는 간장과 된
장, 청국장 등을 비롯해 고춧가루를 주원료로 하는 고추장 등이
있지. 아, 그리고 김치의 맛을 내는 데 사용되는 '젓갈'도 빼놓을
수 없지.

앨리 젓갈이 뭐지?

진우 젓갈은 새우나 생선의 살이나 알, 내장 등을 발효시켜 만드는 음
식이야.

Goryeo Ginseng, Medicinal Mystery of Korea

Ginseng is one of the most famous therapeutic herbs from Korea. Although it is also grown in China, Japan, Russia, the U.S., and Canada, Korean ginseng boasts of the best quality and efficacy. Ginseng is commonly called a cure-all because it is known to prevent diseases by boosting the human immune system.

The shape of ginseng resembles the human body, and that is how it got its Korean name, *insam*, which contains the Chinese character for "man." Most ginseng products now in common use are from artificially cultured roots. Wild ginseng that naturally grows deep in the mountains is referred to as *sansam*, and it is believed to have much higher curative effects, and is thus traded at higher prices.

From the olden days there have been professional wild ginseng

ginseng : 인삼 medical mystery : 의학적 신비 therapeutic herb : 약용 식물 boast of : ~를 자랑하다 best quality and efficacy : 최고의 질과 효능 commonly : 일반적으로, 통상적으로 cure-all : 만병 통치약 prevent : 막다, 방해하다 disease : 질병 boost : 밀어 올리다, 부양하다 immune system : 면역 체계 shape : 모양, 형태 resemble : 닮다(= take after) contain : 포함하다, 함유하다 Chinese character : 한자 product : 제품 artificially cultured : 인공적으로 재배된 naturally : 자연적으로

diggers, called *simmani*. They have believed that finding wild ginseng completely depends on the will of the mountain god. Therefore, in order to keep themselves pure and clean, days before going ginseng hunting, they refrained from killing animals, eating food with strong spices, and even having sex with their wives.

The superb quality and efficacy of Korean ginseng is largely attributable to Korea's natural environment such as climate and soil conditions, which are most favorable for ginseng cultivation.

deep in the mountain : 산속 깊숙이 curative effect : 치료 효과 trade : 거래하다, 매매하다 at higher prices : 더 높은 가격에 from the olden days : 고래로부터 professional : 전문적인, 직업적인 digger : 캐는 사람 will : 의지, 뜻 mountain god : 산신 therefore : 따라서, 그러므로 in order to V : ~하기 위해 pure and clean : 순결하고 깨끗한 hunting : 사냥, 수렵, 수색 refrain from -ing : ~하는 것을 삼가다 superb : 뛰어난, 최상의 attributable to : ~의 탓으로 돌리는, ~에 기인하는

Alley   Jinwoo, would you tell me about Korean ginseng?

Jinwoo   Sure. Current ginseng products are the result of human cultivation of wild ginseng. As its name implies, wild ginseng grows naturally only deep in the mountains. Its medicinal efficacy is so strong that it is even called a cure-all and is sometimes regarded more valuable than gold. Because it is so rare and precious, people began to cultivate it to make it cheaper and more easily available. Though not as good as wild ginseng in terms of medical efficacy, cultivated ginseng roots are still highly potent and are used in herbal medicine.

Alley   So how did it get its name?

soil condition : 토양 조건 favorable : 호의적인, 찬성하는 cultivation : 재배

Jinwoo   Ginseng is pronounced "*insam*" in Korean, and "*in*" literally means "*man*." A typical ginseng, which is used for medicinal use, looks like the human body. So that is how it got its name.

Alley   From what I understand, ginseng is grown in many other countries. But why is Korean ginseng known to be the best?

Jinwoo   Ginseng is very sensitive to its growing conditions such as climate, soil and everything, and Korea has the most ideal environment for it. I mean the climate, the soil and everything.

Alley   Ah-ha! Now I see.

wild ginseng : 산삼   imply : 내포하다, 함축하다   regard : ~로 여기다, 간주하다
valuable : 가치 있는, 값비싼   precious : 고귀한, 값비싼   began : begin(시작하다)의
과거 cheaper : 더 싼   available : 이용할 수 있는   potent : 유력한, 효능 있는   herbal
medicine : 약초   pronounce : 발음하다   literally : 글자 그대로   typical : 전형적인
medicinal use : 약용   look like : 닮아 있다, ~처럼 보이다   sensitive : 민감한

The shape of ~ character for "man"

resemble은 '~와 닮다'라는 뜻으로 타동사이기 때문에 전치사 없이 바로 목적어가 온다. after나 with를 쓰지 않도록 주의한다. 같은 뜻으로는 look like, take after 등이 있다. 자동사로 착각하기 쉬운 타동사로는 attend, discuss, marry, mention, approach 등이 있고, 반대로 타동사로 착각하기 쉬운 자동사로는 graduate (from), complain (of), wait (for), consent (to), experiment (with) 등이 있다. 자동사는 전치사 없이 목적어가 올 수 없기 때문에 전치사를 빼먹지 않도록 주의한다.

이 문장에서 that은 '저것'이라는 뜻이 아니라 앞 문장 전체를 받는 대명사다. 뒤에 오는 문장을 받는 대명사는 this를 쓴다. how는 의문사로서 명사절을 이끌고 있다.

finding wild ginseng ~ mountain god

finding wild ginseng은 동명사구로서 문장의 주어 역할을 한다. 앞에서 말했듯 구나 절은 아무리 길어도 단수 취급하기 때문에 동사도 단수 동사가 온 것이다. 동명사와 명사 중에서 선택하는 문제가 시험에 자주 출제되는데, 기본적으로 명사형이 있는 경우 명사가 우선권을 가진다. 동명사가 쓰이는 경우는 명사뿐 아니라 동사의 역할도 겸해야 하는 경우다. 예를 들면, 목적어가 있는 경우가 그런 경우다.

ex) The new product of the company is sold like hot cake.
　　회사의 신제품은 날개돋친 듯 팔리고 있다. (동명사가 올 수 없다.)
　　Producing the new item in the existing line is not easy.
　　기존 생산라인에서 새로운 품목을 생산하는 것은 쉽지 않다. (목적어 the new item 때문에 동명사가 쓰여야 한다.)

will은 흔히 의지나 미래 조동사로 쓰이지만 '의지, 뜻'이라는 명사로도 쓰인다는 것을 알아두자.

in order to ~ going hunting

in order to는 '~하기 위해'라는 목적의 뜻을 나타내는 to부정사 구문이
다. to부정사 자체가 목적을 나타내기도 하지만 의미를 분명하게 하기 위
해 in order to나 so as to를 쓰기도 한다. 그 밖에 〈so that 주어 + 동
사〉〈lest that + 주어 + should + 동사원형〉도 목적의 뜻을 나타내는
데 특히 lest ~ should ~는 이 자체가 '~하지 않기 위해'라는 뜻이기 때
문에 다시 부정부사를 쓸 필요가 없다는 걸 기억하자.

결과를 나타내는 구문으로는 〈too + 형용사/부사 + to + 동사〉(~하기엔
너무 …하다) 〈so + 형용사/부사 + that 주어 + 동사〉(매우 …해서 ~하
다) 등이 있다.

its medicinal efficacy ~ valuable than gold

위에서 설명한 결과를 나타내는 so ~ that 구문이다. '의학적 효능이 아
주 강해서 (that 이하) 하다'라는 뜻이다.

more valuable은 비교급이다. 비교급 · 최상급을 만들 때 2음절 단어는
뒤에 -er · -est를 붙이지만 valuable처럼 끝에 다른 접미사(-able)가
붙어 있을 때는 more · most를 써서 비교급 · 최상급을 만든다.

인삼은 한국의 대표적인 약용 식물이다. 중국, 일본, 러시아, 미국, 캐나다 등지에서도 인삼을 재배하고 있지만, 한국산 인삼이 최고의 품질과 약효를 자랑하고 있다. 흔히 인삼은 '만병통치약'으로 불리는데, 그 이유는 인삼이 몸의 저항력을 높여서 질병을 예방해주기 때문이다.

인삼의 모양은 사람의 신체를 닮았는데 그 때문에 한자로 '사람'이라는 뜻을 포함하는 '인삼'이라는 우리나라 이름이 붙게 되었다. 현재 사용되고 있는 인삼 제품은 대부분 사람이 재배한 삼인데, 산 속 깊은 곳에서 저절로 자란 '삼'은 '산삼'이라고 부른다. 산삼은 훨씬 뛰어난 약효를 지니고 있다고 여겨지기 때문에 매우 비싼 값에 팔린다.

예로부터 산삼만 전문으로 캐러 다니는 사람들이 있는데, 그들을 '심마니'라고 부른다. 심마니들은, 산삼을 찾는 것은 전적으로 산신의 뜻에 달려 있다고 믿어왔다. 그래서 산삼을 캐러 가기 며칠 전부터 몸과 마음을 정결하게 하기 위해 살생을 금하고, 술과 비린 음식을 먹지 않으며, 아내와 잠자리도 갖지 않았다.

한국에서 재배된 인삼이 품질과 약효가 뛰어난 이유는 기후나 토질을 비롯한 한국의 자연 환경이 인삼 재배에 가장 적당하기 때문이다.

앤리 진우, 인삼에 대해서 좀 얘기해주지 않을래?

진우 인삼? 현재의 인삼 제품은 산삼을 사람이 재배한 거야. 산삼은 그 이름에서 알 수 있듯 산 속 깊은 곳에서만 자연적으로 자라나. 약효가 매우 뛰어나 만병통치약이라고도 불리며 황금보다 더 큰 가치를 지녔어. 하지만 산삼은 아주 귀하고 비쌌기 때문에 좀더 싸고 쉽게 구할 수 있도록 하기 위해 사람들이 재배하기 시작한 거야. 산삼에 비해 약효는 떨어지지만 인삼 역시 탁월한 효능 덕분에 고급 한약재로 사용되고 있어.

앤리 인삼이라는 이름은 어떻게 붙여진 거지?

진우 인삼은 한국에서는 '인삼'이라고 발음하는데 '인'은 '사람'을 의미해. 인삼은 뿌리 부분을 약용으로 사용하는데 전형적인 인삼의 뿌리는 사람의 형상을 닮았어. 그 때문에 붙여진 이름이야.

앤리 내가 알기로는 다른 나라에서도 인삼을 재배하는 걸로 알고 있는데 한국 인삼이 특히 품질이 좋은 이유가 뭐야?

진우 인삼은 재배 과정에서 기후나 토질을 많이 타는 식물이야. 한국의 기후와 토질이 인삼을 재배하는 데 가장 이상적이기 때문이지.

앤리 아하, 그런 거구나.

Unit 004 — Pansori, Traditional Korean Performing Art

Pansori is a synthetic art form that involves a performer who sings a story with narration and gestures to drum beats. Though largely based on a singing rendition, it is different from theater or opera in that expository narration, in addition to singing, takes up a great portion of the performance. In a word, it is a uniquely Korean performing art.

Pansori was created amongst the commoners. A gwangdae, who presented entertainments to the public, used to perform on a makeshift stage usually set up in a huge yard, or just in yard surrounded by the audience.

More specifically, the singer is called *sori gwangdae* or *soritkun*, and the one who plays the drum to accompany the song is referred to as gosu. The latter also does *chuimsae*, short ad-lib comments to encourage the singer. During the *Joseon* Dynasty

NOTES

performing art : 공연 예술 synthetic art : 종합 예술 performer : 공연자, 연기자
narration : 서술, 내레이션 gesture : 몸짓, 손짓 drum beat : 북 장단 largely : 주로
singing rendition : 노래 연주 theater : 극장, 연극 opera : 오페라 in that : ~라는 점
에서 expository narration : 해설 in addition to : ~ 외에, ~에 더하여 take up : 차지
하다 a great portion of : 많은 부분의 in a word : 한마디로 create : 창조하다, 창작
하다 amongst : ~ 사이에(= among) entertainment : 오락, 여흥 the public : 대중

which had a strict class system, most entertainers belonged at the bottom of the social ladder, but great performers were lauded and respected as virtuosos.

Pansori is a physically demanding performance. It usually takes up to nine hours to perform a full song or story, which incorporates pathos, satire, laughter and the feelings of the common people. In the days when varied forms of entertainment were not available, *pansori* was performed to express the joys and woes of ordinary lives.

used to : ~하곤 했다 makeshift stage : 임시 무대 set up : 세우다, 설치하다 huge : 거대한 audience : 청중 specifically : 특히 accompany : 동반하다, 수반하다 refer to A as B : A를 B로 부르다 ad-lib : 즉석의, 즉흥적인 encourage : 용기를 북돋우다, 격려하다 strict class system : 엄격한 계급 체계 belong : 속하다 ladder : 사닥다리 laud : 칭송하다, 찬미하다 virtuoso : 거장, 명인 physically : 육체적으로, 물리적으로 demanding : 요구가 지나친, 큰 노력을 요하는 incorporate : 통합시키다, 합병하다

Alley   I've heard about *pansori*. What exactly is it?

Jinwoo Well, it's a form of vocal music. It's like Western opera in some ways, but still there are differences. *Pansori* is a uniquely Korean performing art.

Alley   Could you be more specific?

Jinwoo Well, let me see. A performer called *soritkun* sings a narrative song before the audience, but the singer usually does more than just sing. The singer tells a story while making a lot of narration and gestures. And there is a drummer called *gosu* that accompanies the singer.

Alley   What kind of stories are rendered in *pansori*?

NOTES

pathos : 비애 satire : 풍자 laughter : 웃음 feeling : 감정 vary : 다양하게 하다
joys and woes : 기쁨과 슬픔 ordinary lives : 평범한 삶들

130

Jinwoo   Today, only five stories remain: *Sugung-ga*, *Jeokbyeok-ga*, *Heungbo-ga*, *Chunhyang-ga* and *Simcheong-ga*.

Alley   I see.

NOTES

exactly : 정확하게   vocal music : 성악   in some ways : 여러 가지 점에서   specific : 명확한, 구체적인   drummer : 고수, 북 치는 사람   render : 나타내다, 표현하다 remain : 남다, 머무르다

131

Though largely based on ~ of the performance

분사구문이다. Though it is largely based on a singing rendition에서 주어와 be동사가 생략된 형태다. 분사구문에서 주어와 be동사는 생략할 수 있다.

in that은 '~라는 점에서'라는 뜻으로 쓰이는 용법이다. 원래 that은 전치사 뒤에서 쓰일 수 없지만 이 용법에서는 특별히 사용된다는 걸 기억하자. 관계대명사 구문에서 전치사를 관계대명사 앞으로 놓는 경우가 있는데 이 경우에도 that은 사용할 수 없다. to부정사 역시 전치사 뒤에서는 쓰일 수 없다는 것도 알아두자.

ex) I know the women that[who] the manager talks with.

　　→ I know the women with whom the manager talks.

　　나는 매니저와 이야기하고 있는 여자를 안다.

A gwangdae, who ~ by the audience

who 이하는 주격 관계대명사 구문이다.

원래 public은 형용사인데 the public으로 쓰여 '대중'이라는 뜻을 가진다. 〈the + 형용사〉는 단·복수 보통 명사가 된다.

ex) The accused was sentenced to two-year's imprisonment.

　　피고는 징역 2년의 선고를 받았다. (단수 보통명사)

　　He has helped the poor for 10 years.

　　그는 10년 동안 가난한 사람들을 도왔다. (복수 보통명사)

이 문장에서 set up은 과거분사로서 명사 stage를 수식하고 있다. set은 과거·과거분사형이 동일하다. 앞에 used라는 동사가 이미 나와 있기 때문에 set을 동사로 보면 동사가 중복되어 오류다. 과거와 과거분사형이 기본형과 동일한 동사로는 cost, cast, forecast, cut, beat, bet, burst, hit, hurt, let, put, quit, read, rid, shut, spit, split, spread, thrust, set, upset 등이 있다.

the one who ~ to as gosu

문장의 주어는 the one이고 동사는 is referred이다. 주어를 수식하는
관계대명사절이 주어와 동사 사이에 삽입된 형태다.

let me see

let은 사역동사다. 사역동사 뒤에는 동사원형이 온다. 동사원형을 목적어
나 목적보어로 취하는 동사는 사역동사 외에도 지각동사가 있다. 사역동
사는 have, make, bid 등이 있고, 지각동사는 see, hear, look, feel,
watch, listen to, notice 등이 있다. 그 밖에 help는 사역동사는 아니지
만 목적어나 목적보어로 동사원형을 취할 수 있고, get, order, allow 등
은 사역동사면서도 to부정사를 목적어로 취한다. 그리고 사역동사든 지
각동사든 목적어로 사물이 오면 목적보어로 과거분사가 오고(목적어와
목적보어의 관계가 수동 관계일 때), 수동태로 바꿀 때는 동사원형을 to
부정사로 바꿔야 한다.

ex) My father made me study abroad.

→ I was made to study abroad by my father.

아버지는 나를 유학가게 했다.

I had her iron my shirt.

→ I had my shirt ironed.

나는 (그녀에게) 내 셔츠를 다리게 했다.

판소리란 한 사람이 북장단에 맞추어 줄거리가 있는 이야기를 노래와 말과 몸짓을 섞어 들려주는 종합 예술이다. 노래를 통해 이야기를 들려주는 게 기본 형태지만, 노래 외에 상황을 설명하는 대사의 비중도 크기 때문에 연극이나 오페라와는 다르다. 한마디로 한국만의 독특한 공연 형식인 셈이다.

판소리는 서민들 속에서 탄생했다. 남들 앞에서 연예 기능을 선보이는 사람을 '광대'라고 하는데, 이들은 넓은 마당에 간단한 무대를 설치하거나 관객들이 빙 둘러싼 마당에서 노래를 불렀다.

좀더 자세히 설명하자면, 노래를 하는 사람은 '소리 광대'나 '소리꾼'이라고 하며, 노래에 맞춰 북을 치는 사람을 '고수'라고 한다. 고수는 또한 '추임새'라는 즉흥적인 짧은 애드 리브를 곁들여 소리 광대의 흥을 돋우기도 한다. 철저한 신분 사회였던 조선 시대에 광대들은 대부분 가장 천한 신분에 속해 있었지만, 뛰어난 소리꾼은 명창이라고 하여 칭송과 존경을 받았다.

판소리는 체력적으로도 매우 힘든 공연이다. 한 가지 이야기를 모두 공연하는 데 보통 9시간이나 걸린다. 이 긴 이야기에는 서민들의 한과 풍자, 웃음, 정서가 녹아 있다. 다양한 놀이 문화가 없던 시절에 서민들은 판소리 공연을 통해 삶의 애환을 표현했던 것이다.

앤디   진우, 한국에 '판소리'라는 게 있다고 들었는데, 그게 어떤 거지?

진우   응, 그건 일종의 노래 공연이야. 서양의 오페라와 닮은 점이 있지만 그거와는 좀 다르고 하여튼 한국의 독특한 공연 형태야.

앤디   좀더 설명해줄래?

진우   뭐라고 할까? '소리꾼'이라고 하는 가수가 청중들 앞에서 줄거리가 있는 노래를 불러주는데 노래만 부르는 게 아니야. 말과 몸짓을 섞어가며 이야기를 들려주지. 고수가 있는데 소리꾼의 노래에 장단을 맞추는 역할을 해.

앤디   판소리에는 어떤 것이 있어?

진우   현재 전해지는 것은 다섯 개밖에 없는데, '수궁가' '적벽가' '흥보가' '춘향가' '심청가'가 그것이야.

앤디   아, 알겠다.

Fine Love Story, Chunhyang-jeon

*C*hunhyang-jeon is a love story that is like a Korean equivalent to *Romeo and Juliet*. Even the main characters of both works are in the same age bracket. The main difference, however, is that the latter ends in tragedy, while *Chunhyang-jeon*, after all the twists and turns, has a happy ending.

It is known that *Chunhyang-jeon* was set in the end of the 17th century, but its author is not known. Presumably, the basic story line was passed down by word of mouth and was gradually adapted and changed over the ages by storytellers and performers.

Chunhyang-jeon is the beautiful love story of *Lee Mongryong*, a young upper class man, and *Seong Chunhyang*, the daughter of a retired *kisaeng*(a professional female entertainer at a feast). Their love transcends the boundaries of class. During the *Joseon*

equivalent to : ~의 등가물, 대응물 main character : 주요 인물 age bracket : 연령층
however : 하지만, 그렇지만 tragedy : 비극 after all : ~에도 불구하고(= despite, in spite of) the twists and turns : 굴곡, 역경 century : 세기, 100년 author : 작가
presumably : 추측컨대, 아마 basic story line : 기본적인 줄거리 pass down : 전하다, 물려주다 by word of mouth : 구두로, 말로 gradually : 점차로, 차츰 adapt : 개작하다, 순응시키다 change : 바꾸다 over the ages : 오랜 세월에 걸쳐

Dynasty, the story was daring and gratifying enough to touch the heart of grassroots audiences who had long been repressed under the class system.

One of the most beloved works of Korean classical literature, *Chunhyang-jeon* has been recreated in various art forms, including theater, film, musical and opera.

storyteller : 이야기꾼 daughter : 딸 retired : 은퇴한, 퇴직한 professional : 직업적인, 전문적인 female : 여성(의) entertainer : 연예인 at a feast : 연회에서, 잔치에서 transcend : 초월하다, 능가하다 boundary : 경계, 한계 dare : 대담한, 참신한 gratifying : 만족을 주는, 유쾌한 grassroots : 대중 audience : 청중, 관객 class system : 계급 체계 repress : 억압하다, 억누르다 beloved : 사랑 받는, 소중한 classical literature : 계급 문학 recreate : 생기를 북돋우다 including : ~를 포함하여

DIALOGUE

Jinwoo   Alley, have you ever heard of *Chunhyang-jeon*?

Alley   *Chunhyang-jeon*? What's that?

Jinwoo   It's a story of young lovers, like *Romeo and Juliet*.

Alley   Yeah? Sounds interesting. How does the story go?

Jinwoo   There's a young upper class man named *Lee Mongryong*. He falls in love with *Chunhyang*, a girl of humble birth. Because of the class difference, they have to go through thick and thin, but in the end, their love prevails. It is different from *Romeo and Juliet*, which ends in tragedy.

Alley   Oh, that sounds familiar. Doesn't it end with a dramatic scene where *Mongryong* saves *Chunhyang*

NOTES

young lovers : 젊은 연인 fall in love with : ~와 사랑에 빠지다 through thick and thin : 고난을 무릅쓰고, 언제나 변함없이 in the end : 결국, 마침내 prevail : 유행하다, 승리하다 dramatic scene : 극적인 장면

138

from being executed?

Jinwoo   That's right. The story has been recreated in different art forms such as fiction, film and theater like *Romeo and Juliet*.

execute : 처형하다, 실행하다 fiction : 소설 film : 영화

표 현 연 구

The main difference, ~ a happy ending

흔히 혼동하는 경우가 있는데 however는 접속사가 아니라 부사다. 그렇기 때문에 주어와 동사를 중복해서 쓸 수 없다. however가 접속사 역할을 하는 경우 뒤에 형용사나 부사가 이어진다.

ex) However hard he may try, he will never succeed.

　그가 아무리 노력해도 성공할 수 없을 것이다.

after all은 주로 '결국'이라는 뜻으로 쓰이지만, '~에도 불구하고'라는 양보의 뜻도 있다. for all, with all, despite, in spite of 등으로 바꾸어 쓸 수 있다. 이들은 모두 전치사이기 때문에 뒤에 명사구가 온다는 것을 기억하라.

ex) After all, we arrived at the top of the mountain.

　결국 우리는 산꼭대기에 도착했다.

　After all the trials, we finally succeeded.

　많은 시련에도 불구하고 우리는 결국 성공했다.

During the Joseon ~ the class system

during과 for, since는 모두 시간 전치사인데 용법은 조금씩 다르다. during 뒤에는 '특정한 기간'을 나타내는 명사가 오고, for 뒤에는 '특정하지 않은 일정 기간'이 온다. 반면 since 뒤에는 '과거의 한 시점'이 온다.

ex) I have studied English during the vacation.

　나는 방학 동안 영어 공부를 했다.

　I have studied English for three months.

　나는 3달 동안 영어 공부를 했다.

　I have studied English since July.

　나는 7월 이래로 영어 공부를 했다.

enough는 앞의 분사 daring과 gratifying을 수식하는 부사다. enough는 형용사와 부사로 쓰이는데 부사로 쓰일 때는 수식할 어휘 뒤에서 수식한다는 것을 알아두자. 〈enough to V〉는 '~하기에 충분한'의 뜻으로 쓰이는 관용구문이다.

Sounds interesting

sound는 2형식 동사(불완전 자동사)이기 때문에 보어로 형용사가 쓰인다. 형용사나 명사를 보어로 취하는 2형식 동사로는 be동사를 비롯해 come, become, get, grow, go, fall, make, turn, feel, smell, look, taste 등이 있다.

Because of the class difference

because of는 전치사이므로 뒤에는 명사구가 이어진다. 반면 because 는 접속사이므로 주어와 동사를 갖춘 절이 이어진다. 다음은 주의해야 할 접속사와 전치사의 예다.

접속사	전치사
although, though, even if	despite, in spite of
during	while
because	because of
in case that	in case of
except that	except for

그리고 before, after, since 등은 전치사와 접속사 둘 다로 쓰인다.

'춘향전'은 한국판 '로미오와 줄리엣'이라 할 수 있는 사랑 이야기다. 두 작품의 주인공은 나이대도 같지만, 가장 큰 차이점은 '로미오와 줄리엣'은 비극으로 끝나지만 '춘향전'은 우여곡절끝에 해피엔드로 끝난다는 점이다.

춘향전의 시대 배경은 17세기 말로 알려져 있지만, 지은이는 알 수 없다. 구전으로 전해져온 기본 줄거리를 오랜 세월에 걸쳐 이야기꾼과 광대들이 조금씩 고치거나 바꿨을 것으로 추측된다.

춘향전은 상류층 자제인 이몽룡과 은퇴한 기생(술자리에서 흥을 돋우는 일은 하는 여성)의 딸인 성춘향의 아름다운 사랑 이야기다. 둘은 사랑의 힘으로 신분의 차이를 뛰어넘는다. 춘향전은 조선시대에, 신분제도에 의해 오랫동안 억압받아왔던 민중들을 감동시키기에 부족함이 없을 만큼 대담하고 통쾌한 이야기였다.

춘향전은 현대에 와서도 소설, 연극, 영화, 뮤지컬, 오페라 등 수많은 장르로 재생되어 온, 한국인들에게 가장 사랑받는 작품이다.

진우   앨리, '춘향전'이라고 들어본 적이 있어?

앨리   '춘향전'? 그게 뭔데.

진우   어린 연인들의 사랑 이야기인데, 한국의 '로미오와 줄리엣'과 같은 이야기야.

앨리   그래? 그거 재미있겠는데. 어떤 내용이야?

진우   이몽룡이라는 귀족의 아들이 있었는데, 성춘향이라는 천민의 딸과 사랑에 빠졌어. 둘은 신분의 차이 때문에 많은 난관에 부닥치지만, 결국 극적으로 사랑을 이뤄낸다는 내용이야. 그 점에서 비극으로 끝나는 '로미오와 줄리엣'과는 다르지.

앨리   아, 들어본 것도 같아. 처형당할 위기에 처한 성춘향을 이몽룡이 극적으로 구해주면서 이야기가 끝나지?

진우   그래, 맞아. '로미오와 줄리엣'처럼 춘향전은 소설과 영화, 연극 등으로 다시 만들어진 작품이지.

Samulnori, Joyful Folk Rhythm of Korea

For a long time, agriculture was the major industry in Korea. Before the time of modern tools and machines, farm labor must have been gruelingly hard and exhausting. After the daily work was done or the yearly harvest over, peasants used to get together to unwind and enjoy themselves. At these festive gatherings, they used to sing, dance and play musical instruments or use their farming tools as instruments. Such a performance was called *pungmulgut*.

Pungmulgut usually involves various instruments, but the main ones are *kkwaenggwari, jing, janggu,* and *buk. Samulnori* is the music performed with these four percussion instruments.

The *kkwaenggwari* is a small gong, made of thin brass and played with a bamboo mallet. It produces a high-pitched, metallic sound. Made of thick brass, the *jing* is a large gong that

joyful : 즐거운, 기쁜 folk rhythm : 민속 리듬 for a long time : 오랫동안 agriculture : 농업 major industry : 주요 산업 machine : 기계 farm labor : 농사일 gruelingly : 녹초가 되어 exhausting : 피로하게 하는 peasant : 농부, 소작농 get together : 모이다 unwind : (긴장을) 풀다 festive gathering : 축제 모임 musical instrument : 악기 farming tool : 농기구 various : 다양한, 여러 가지의 percussion instrument : 타악기 gong : 징 thin brass : 얇은 놋쇠 bamboo mallet : 대나무 채

makes a softer grand sound. The *janggu* is an hourglass-shaped drum. It has two heads, each with a different type of leather skin to produce both high and low sounds by using diverse stick manipulating techniques. Finally, the *buk* is a barrel drum that provides a deep oscillating bass sound.

Literally meaning "playing with four objects" in Korean, *Samulnori* was originally the name of a group of musicians founded in 1978. As they gained popularity, the name of the group came to be used to define a certain genre of Korean music. Today, *samulnori* performers have not only sparked a renaissance in the Korea's music scene but received worldwide acclaim as well.

produce : 생산하다, 산출하다 high-pitched : (소리가) 높은, 강렬한 metallic sound : 금속음 made of : ~로 만들어진 thick brass : 두꺼운 놋쇠 grand : 웅장한, 위대한 hourglass-shaped : 모래시계 모양의 leather skin : 가죽 표면 diverse : 다른, 다양한 stick : 막대기 manipulate : 솜씨 있게 다루다 technique : 기술, 기교 barrel : 통, 배럴 oscillate : 진동하다, 흔들리다 bass sound : 저음 originally : 원래, 처음부터 musician : 음악가 gain popularity : 인기를 얻다 define : 정의를 내리다

DIALOGUE

Harry   Miyeong, what are those people on TV doing?

Miyeong   That's a kind of traditional music performance called *samulnori*.

Harry   *Samulnori*? What's that?

Miyeong   In order to relieve the stress of hard farm work, our ancestors used to enjoy themselves with a music performance called *pungmulgut*. Recently, the music has gone through some changes so that only four main instruments are played, and we call that *samulnori*. It means "playing with four instruments" in Korean.

Harry   What are the four instruments?

---

genre : 장르 spark : 도화선이 되다, 발단이 되다 renaissance : 르네상스 acclaim : 갈채, 환호

146

Miyeong They are all percussion instruments. The *kkwaenggwari* and jing are metal gongs, while the *janggu* and *buk* are drums covered with leather skins. The *kkwaenggwari* makes a high, buoyant sound, but the *jing* produces a low majestic one. With different types of leather on each head, the *janggu* can make both high or low sounds. Lastly, the *buk* generates deep, reverberating sounds.

Harry Oh, I see.

traditional music performance : 전통 음악 공연 stress : 억압, 긴장 ancestor : 조상, 선조 covered with : ~로 뒤덮인 buoyant : 부력이 있는, 경쾌한 majestic : 장엄한, 웅대한 generate : 산출하다, 낳다 reverberate : 울려퍼지다, 반향하다

 표 현 연 구

After the daily ~ enjoy themselves

the yearly harvest over에는 be동사 was가 생략되었다. 앞의 절에 was가 나오므로 중복을 피한 것이다. to unwind and enjoy themselves는 동사 get together를 수식하는 to부정사의 부사적 용법 이다. to부정사는 명사·형용사·부사의 용법으로 쓰일 수 있다.

ex) To see is to believe. 보는 것이 믿는 것이다.

I got a chance to go abroad. 나는 외국에 갈 기회를 얻었다.

내친 김에 to부정사를 목적어로 취하는 동사와 동명사를 목적어로 취하 는 동사에 대해서도 알아보자.

- to부정사를 목적어로 취하는 동사

  agree, decide, expect, promise, manage, prove, refuse, fail, pretend, offer, choose, determine, wish, want, tend, hesitate, desire, afford, proceed, seek, mean, learn, hasten, demand 등

- 동명사를 목적어로 취하는 동사

  advise, consider, avoid, escape, give up, detest, enjoy, mention, mind, miss, stop, stand, resist, postpone, reject, quit, suggest, finish, forgive, deny 등

그리고 forget, remember, regret, try, stop, like, start, continue, attempt, cease 등은 동명사와 to부정사를 모두 목적어로 취할 수 있는 데, forget, remember, regret, try, stop은 동명사를 취할 때와 to부 정사를 취할 때 의미가 달라지기 때문에 특히 주의해야 한다.

forget/remember + to부정사 : ~할 것을 잊다/기억하다

forget/remember + 동명사 : ~했던 것을 잊다/기억하다

regret + to부정사 : ~해서 유감이다

regret + 동명사 : ~한 것을 후회하다

stop + to부정사 : ~하기 위해 멈추다

stop + 동명사 : ~하는 것을 그만두다

try + to부정사 : ~하려고 애쓰다   try + 동명사 : 시험삼아 ~해보다

the music has ~ call that samulnori

gone는 go의 과거분사형으로 불규칙 동사다. go through는 '경험하다, 겪다'라는 뜻. so that 이하는 결과를 나타내는 절로, '변화를 겪은 결과 (that 이하)했다'는 뜻이다. 불규칙 동사를 한번 살펴보자.

- 과거 · 과거분사가 각기 다른 불규칙 동사

bear-bore-born, go-wen-gont, write-wrote-written, lie-lay-lain, begin-began-begun, eat-ate-eaten, see-saw-seen, bid-bade-bidden, blow-blew-blown, choose-chose-chosen, draw-drew-drawn, drive-drove-driven, fall-fell-fallen, fly-flew-flown, freeze-froze-frozen, forget-forgot-forgotten, forgive-forgave-forgiven, give-gave-given, hide-hid-hidden, awake-awoke-awaken, ride-rode-ridden, rise-rose-risen, arise-arose-arisen, break-broke-broken ...

- 과거 · 과거분사가 같은 불규칙 동사

bend-bent-bent, sit-sat-sat, behold-beheld-beheld, bind-bound-bound, bleed-bled-bled, breed-bred-bred, bring-brought-brought, build-built-built, burn-burnt-burnt, buy-brought-brought, catch-caught-caught, leave-left-left, creep-crept-crept, deal-dealt-dealt, dig-dug-dug, feed-fed-fed, fight-fought-fought, find-found-found, get-got-got, grind-ground-ground, hang-hung-hung, hear-heard-heard, hold-held-held, keep-kept-kept, lend-lent-lent, make-made-made, mean-meant-meant ...

- 기본형과 과거분사가 같은 불규칙 동사

come-came-come, become-became-become, run-ran-run ...

오랫동안 한국인들의 주요 산업은 농업이었다. 현대식 기계가 없던 시절에 농업노동은 무척 힘든 일이었다. 그래서 하루 일과를 마치고, 혹은 일년 농사를 마치고 모여서 피로를 풀고 즐거운 시간을 가졌다. 이때 각종 악기나 농기구를 두들기며 노래하고 춤을 추었는데, 이를 '풍물굿'이라고 한다.

풍물굿에는 여러 가지 악기가 등장하는데 그 중 주요 악기가 꽹과리, 징, 장구, 북이다. 바로 이 네 가지 타악기만으로 이루어진 음악을 '사물놀이'라고 한다.

꽹과리는 얇은 놋쇠판으로 만들어진 작은 징으로, 대나무 채로 두드려 높은 금속성의 소리를 낸다. 징은 두꺼운 놋쇠판으로 만들어진 큰 징으로 부드럽고 웅장한 소리를 낸다. 장구는 모래시계 모양인데, 양쪽 머리에 서로 다른 가죽이 대어 있어, 번갈아 가며 채를 두드리는 손놀림의 기교에 따라 높은 소리와 낮은 소리를 낸다. 마지막으로 북은 울림이 깊은 저음의 소리를 내는 통 모양의 드럼이다.

'사물놀이'는 우리말로 '네 가지 악기로 논다'는 뜻인데, 원래 1978년에 만들어진 농악 연주그룹의 이름이었다. 이후 이 그룹이 인기를 끌면서 한국 민속음악의 한 가지 장르로 자리를 잡았다. 오늘날 사물놀이 공연단은 한국에서만 전성기를 구가하는 것이 아니라 전 세계적으로 각광을 받고 있다.

해미   미영, 저기 TV에 나오고 사람들은 뭘 하고 있는 거지?

미영   아, 저건 '사물놀이'라고 해. 한국 전통 음악 공연의 하나지.

해미   사물놀이? 그게 뭐지?

미영   옛날 농사일의 고단함을 달래기 위해 우리 선조들은 '풍물굿'이
         라는 음악 놀이를 즐기곤 했지. 근래에 와서 그 풍물굿에 약간의
         변화가 있었지. 네 개의 주요 악기로만 놀이를 벌였는데 그게 사
         물놀이야. 우리말로 '네 가지 악기로만 연주한다'라는 뜻이야.

해미   네 가지 악기에는 어떤 것이 있어?

미영   모두 다 타악기인데, 무쇠로 만든 징과 꽹과리, 가죽을 덧씌워
         만든 장구와 북이 있지. 꽹과리는 높고 경쾌한 소리를 내는 반면
         징은 낮고 웅장한 소리를 내고, 장구는 양쪽에 서로 다른 가죽을
         입혔기 때문에 높고 낮은 소리를 번갈아 낼 수 있고, 북은 둔탁
         하고 울림이 깊은 소리를 내지.

해미   아, 그렇구나.

Goryeo Celadon, the Essence of Korean Pottery

Admired as one of the most typically Korean artifacts, *Goryeo* celadon is said to represent the essence of Korean ceramic art. Its soft, translucent jade green color is unparalleled.

One of the places where you can see the elegant beauty of *Goryeo* celadon in Seoul is the National Museum of Korea, located inside *Gyeongbokgung*("*gung*" means a palace) built in the *Joseon* Dynasty. The museum has assigned one whole exhibit room to more than 100 genuine celadon artifacts.

If you want to observe how to produce celadon, you may as well visit the Celadon Museum in *Gangjin, Jeollanam-do*, once a center of celadon production. It is the only museum in Korea wholly dedicated to celadon works. During the Celadon Festival held in *Gangjin* from July 26 through August 1 each year, visitors can have hands-on experience in making their

celadon : 청자 essence : 본질, 정수 pottery : 도기, 요업 admire : 감탄하다, 동경하다 typically : 전형적으로 artifact : 예술품, 공예품 represent : 나타내다, 상징하다 ceramic : 세라믹의, 질그릇의 translucent : 반투명의, 명백한 jade green : 비취색 unparalleled : 비길 데 없는 elegant : 우아한, 품위 있는 beauty : 아름다움, 미 locate : 위치를 알아내다, 위치를 정하다 inside : 안쪽에, 내부에 built in : ~에 세워진 museum : 박물관 assign : 할당하다, 선정하다 exhibit room : 전시실

own pieces. Due to the excellent quality of its clay, *Gangjin* is still home to more than 50% of kilns in Korea.

NOTES

genuine : 진짜의, 진품의 observe : 관찰하다, 주시하다 produce : 생산하다, 만들어
내다 production : 생산, 제조 dedicated to : ~ 전용의, ~에 헌신적인 held in : ~에
서 개최되는 visitor : 방문객 hands-on experience : 실제 체험 due to : ~로 인해
excellent quality : 뛰어난 품질 clay : 점토, 찰흙 home : 원산지, 본고장 kiln : 가마,
화로

DIALOGUE

Alley How is Korean celadon different from Chinese celadon?

Jinwoo First, it's the color. While Chinese celadon is heavy, dark green, Korean celadon has a soft, clear jade green. Secondly, different patterns. Chinese celadon has no particular patterns on it, but most Korean celadon is decorated with pictorial and poetic designs. Lastly, there is a little difference in shape. *Goryeo* celadon has much softer, flowing lines than Chinese celadon.

Alley Is *Goryeo* celadon still made today?

Jinwoo There still exist some people who dedicate their lives to celadon production, but unfortunately, few

heavy : 무거운 dark green : 암녹색 secondly : 두 번째로 different pattern : 다른 문양 particular pattern : 특별한 문양 decorated with : ~로 장식된 pictorial and poetic design : 회화적이고 시적인 도안 lastly : 마지막으로 flowing line : 유려한 선 exist : 존재하다 unfortunately : 불행하게도 technique : 기법, 기교 practice : 연습, 솜씨 properly : 적당히, 정확하게 craftsmanship : 기능공, 장인 disappear : 사라지다 potter : 도공, 고예가 re-create : 다시 만들다, 재현하다 glory : 영광

of the old techniques and practices have been passed down properly. Throughout several wars, celadon craftsmanship has almost disappeared. But a number of modern potters are making serious efforts to re-create the glory of *Goryeo* celadon.

Alley   Where should I go to see traditional Korean pottery?

Jinwoo   *Icheon, Gyeonggi-do*, is well-known for pottery production. A ceramics festival is held between September and October each year. And the Celadon Museum in *Gangjin, Jeollanam-do*, is also worth a visit. The National Museum of Korea in downtown Seoul also has a number of celadon masterpieces.

traditional : 전통적인   well-known : 잘 알려진   ceramics festival : 도자기 축제
masterpiece : 걸작, 명작

Admired as ~

Admired as ~는 분사구문으로 문장의 주어인 Goryeo celadon을 수식하고 있다. 해석하자면 '가장 대표적인 한국 예술품으로 칭송받는 고려자기'라는 뜻이 된다.

One of the places ~ in the Joseon Dynasty

one of 뒤에는 항상 정해진 복수 가산 명사가 온다. 따라서 명사 앞에는 정관사(the)나 한정사(소유격, these, those 등)가 붙는 게 일반적이다. most of도 마찬가지다.

where부터 in Seoul까지는 장소를 나타내는 부사절로 where는 생략할 수 있다. located inside와 built in 앞에는 〈관계대명사 + be동사〉가 생략된 것으로 볼 수 있다. located inside 앞에는 which is, built in 앞에는 which[that] was가 생략된 것이다.

If you want ~ of celadon production

〈의문사 + to부정사〉는 절을 구의 형태로 짧게 줄여 쓰는 구문으로 자주 쓰이는 용법이다. how to produce ~의 경우 how they produce ~를 구로 만든 것이고 '~를 생산하는 방법'이라는 뜻을 가진다. 〈what + to 부정사〉(무엇을 ~할지) 〈where + to부정사〉(~할 곳) 〈when + to부정사〉(~할 때) 등도 자주 쓰이는 구문이니 알아두기 바란다.

〈may as well + 동사원형〉은 '~하는 편이 낫다'라는 뜻의 관용구문이다. 반면 〈may well + 동사원형〉은 '~하는 게 당연하다'라는 뜻이다.

ex) He may as well stay home as go to the party.

　　그는 파티에 가느니 집에 있는 게 낫다.

　　He may well be proud of his son.

　　그가 아들을 자랑스러워하는 건 당연하다.

once a center ~ 앞에는 which was가 생략된 것으로 볼 수 있다. 앞에 나온 Gangjin을 설명하는 구문이다.

156

During the Celadon ~

During은 전치사이므로 절 앞에 올 수 없다. 그런데 언뜻 보면 the Celadon Festival과 held in이 주어와 동사처럼 보인다. 하지만 held in 은 동사가 아니라 과거분사로서 Celadon Festival을 수식하는 요소다. 이런 경우 전치사에 주목하면 동사의 과거인지 과거분사인지를 쉽게 파악할 수 있다. 동사의 과거일 경우는 전치사가 오지 않기 때문이다.

While Chinese ~

while을 '~하는 동안'이라는 뜻의 접속사로만 알고 있으면 해석하는 데 약간 어려움을 겪을 것이다. 여기서 while은 '~하는 동안'이라는 뜻이 아니라 '~하는 반면'이라는 뜻이다.

has no particular patterns

no는 부정형용사다. 따라서 뒤에는 항상 명사가 온다. 반면 not은 부정부사이다. 그렇기 때문에 뒤에는 명사를 제외한 다른 품사(형용사, 부사, 동사 등)가 온다.

few of the old techiques

few(수)와 little(양)는 '거의 없는'이라는 부정의 뜻을 지닌다. a few/a little과는 반대의 의미를 지니는 것이다. few나 little이 쓰인 문장의 경우 그 자체가 부정이기 때문에 다른 부정어를 쓰지 않도록 주의한다. 그리고 수는 복수 취급한다는 것도 기억하자.

ex) Few of the people are present. 사람들이 거의 참석하지 않았다.

  Few of the people are not present. (×)

대표적인 한국의 예술품으로 칭송받는 고려청자는 한국의 도자기 예술의 정수를 대변한다고들 한다. 고려청자의 은은하면서도 영롱한 푸른빛은 비길 데가 없다.

서울에서 청자의 품격 있는 아름다움을 감상할 수 있는 곳은 조선시대의 궁궐인 경복궁 안에 위치한 국립중앙박물관이다. 박물관은 전시실 하나를 할애해 100여 점이 넘는 진품 고려청자를 전시하고 있다.

내친김에 직접 청자를 빚는 과정을 보고 싶다면, 옛날 고려청자의 주요 생산지였던 전라남도 강진의 청자박물관을 가보는 게 좋을 것이다. 한국에서 유일하게 청자만 전시하고 있는 박물관이다. 매년 7월 26일부터 8월 1일까지 열리는 강진 청자문화제에 맞춰 찾아가면 자기 손으로 직접 청자를 만들어볼 수도 있다. 또한 강진에서 나는 찰흙의 질이 우수하기 때문에 한국에 있는 청자 가마터의 50% 이상이 아직까지 강진에 모여 있다.

앵커 진우, 한국의 고려청자는 중국의 청자와 어떻게 다르지?

진우 우선 그 빛깔에서 차이가 나. 중국의 청자는 무겁고 진한 색을 띠는 반면, 고려청자는 은은하면서도 맑은 비취색을 띠지. 그리고 문양도 달라. 중국 청자는 특별한 문양이 없는 반면, 고려청자는 회화적이고 시적인 멋이 넘치는 문양이 새겨져 있어. 마지막으로 자기의 형태도 조금씩 다르지. 고려청자는 중국 청자에 비해 선이 훨씬 부드럽고 유연하지.

앵커 지금도 청자를 만들고 있어?

진우 물론 지금도 청자를 만드는 데 평생을 바치는 분들이 있긴 하지만 불행하게도 옛날의 기술을 온전하게 전수받지는 못했어. 여러 번의 전란을 겪으면서 도예기술들이 거의 사라져버렸지. 하지만 많은 현대의 도예가들이 그 옛날 고려청자의 영광을 재현해내기 위해 오늘도 심혈을 기울이고 계시지.

앵커 한국의 전통 도자기를 감상하려면 어디로 가면 좋을까?

진우 경기도 이천이 도자기로 유명하지. 매년 9월과 10월 사이에 도자기 축제가 열려. 전라남도 강진에 있는 청자박물관도 가볼 만하고, 서울의 국립중앙박물관에도 진품 청자가 많이 있지.

Korean Mask Dance-Dramas

Most civilized communities with a long history have developed a diversity of rites and ceremonies involving traditional masks and mask dance-dramas. Korean traditional masks are called *tal*, and they vary in kind and facial expressions. A dance where the performers wear masks is called *talchum*(mask dance), and a drama incorporating a mask dance is called *talnori*(mask dance-drama). The *Hahoe Talnori* originating from *Andong, Gyeongsang* Province, is one of the most well-known of its kind in Korea.

Unlike other performances where the stage and audience are completely separated, the *talnori* performance spills over into the audience area. With no particularly marked-out stage, the actors perform wholly surrounded by the audience, while constantly encouraging enthusiastic participation from the

mask dance-drama : 가면극, 탈춤 civilized community : 문명 사회 develop : 개발하다, 발전시키다 a diversity of : 다양한 rite : 의식, 의례 ceremony : 의식, 예의 involve : 포함하다 vary : 다양화하다, 바꾸다 facial expression : 얼굴 표정 performer : 공연자, 연주자 wear : 입다, 쓰다, 끼다 incorporate : 통합시키다, 짜 넣다 originate from : ~로부터 유래하다 stage : 무대 audience : 청중, 관객 completely : 완벽하게, 완전하게 separate : 가르다, 분리하다

viewers. Elated members of the audience often join the performers in an exhilarating dance. Then, there is no boundary between the performers and the audience as they mingle and enjoy themselves together.

The *Andong* Mask-Dance Festival is held at the end of each September. Visitors can make various masks on your own and also experience a uniquely Korean shaman rite called *gut*. Tour guides who speak English, Japanese and Chinese are available to help foreign tourists.

NOTES

spill over : 넘쳐흐르다, 누설하다 particularly : 특히, 각별히 mark out : 구획하다, 설계하다 actor : 배우 surround : 둘러싸다, 에워싸다 constantly : 끊임없이 encourage : 용기를 북돋다 enthusiastic : 열정적인, 열렬한 participation : 참가자 viewer : 구경꾼, 관찰자 elate : 용기를 북돋다, 고무하다 exhilarate : 유쾌하게 하다 boundary : 경계, 한계 mingle : 섞이다, 어울리다 enjoy oneself : 즐거운 시간을 보내다 festival : 축제 at the end of : ~의 끝에 September : 9월 various masks : 다양한 가면

Harry	Is anything interesting on TV?

| Miyeong | Yeah. They're performing the *Hahoe Talnori*. |

| Harry | *Hahoe Talnori*? |

| Miyeong | Uh-huh. It's a kind of mask dance-drama originating from the *Andong* region in *Gyeongsangbuk-do*.("*bok-do*" means Nothern Province) It's quite interesting. You want to watch it? |

| Harry | Sure. The masks are really unique. It's like they're all alive. |

| Miyeong | You can say that again. It's one of the most unique characteristics of *Hahoe* masks. The jaw part, separate from the rest of the face, is tied to it so that |

it can move when the actor talks. On top of that, the left and right sides of the mask are different, so it shows different facial expressions depending on at what angle you're seeing it from.

Harry   Look. The audience is joining the performance.

Miyeong   That's another unique characteristic of *Hahoe Talnori*. The performers and the audience mingle together and encourage each other.

NOTES

region : 지역 alive : 살아 있는 characteristic : 특징, 성격 jaw part : 턱 부분 show : 보여 주다, 나타내다 depending on : ~에 따라 angle : 각도

Most civilized communities ~ mask dance-dramas

문장의 주어는 Most civilized communities다. 동사 바로 앞에 있는 a long history를 주어로 착각해 동사를 has로 쓰지 않도록 주의한다. a long history는 앞의 전치사 with와 함께 쓰여 주어인 Most civilized communities를 수식하는 구문이다. '오랜 역사를 가진 대부분의 문명 사회'라는 뜻이다.

토익에서 〈명사 + _____ + 명사〉 구문에서 involving/including과 involved/included를 구별하는 문제가 자주 출제되는데 가장 간단한 방법으로 전치사를 확인한다. 뒤의 명사 앞에 전치사 in이 있으면 involved/included가 되고 전치사가 없으면 involving/including이 된다.

현재분사와 과거분사를 구분하는 다른 문제들도 마찬가지로 전치사의 유무에 따라 대개는 구분해낼 수 있다. 한 가지 주의할 것은 두 개의 목적어를 가지는 4형식 동사나, 명사를 목적보어로 취하는 5형식 동사는 과거분사더라도 뒤에 전치사 없이 바로 명사가 이어질 수 있고, 자동사인 경우는 현재분사일 때도 뒤에 전치사가 올 수 있다. 하지만 이런 형태로 문제에 출제되는 것은 대부분 타동사이기 때문에 전치사를 확인하면 십중팔구는 답을 맞힐 수 있다.

The Hahoe Talnori ~ its kind in Korea

앞에서 말한 〈명사 + _____ + 명사〉 구문에서 뒤의 명사 앞에 전치사 from이 있는데도 불구하고 현재분사 originating이 쓰였다. 여기서 originate는 자동사로 대개 전치사 from과 함께 쓰인다. graduate (from), wait (for) 등은 특히 주의해야 할 자동사다.

원래 전치사 뒤에는 반드시 명사가 있어야 한다. 특히 〈전치사 + (한정사, 부사, 형용사) + _____ + 전치사〉의 구문에서 빈칸에는 반드시 명사가 나온다. 그런데 여기서는 그 자리에 well-known이라는 형용사가 나와 있다. 여기서 well-known 뒤에는 ones가 생략된 걸로 보아야 한다. 앞에 이미 one이 나와 있기 때문에 중복을 피하기 위해 생략한 것이다.

With no particularly ~ from the viewers

전치사 with와 명사 stage 사이에 장황하게 어휘가 늘어서 있지만 모두 하나의 명사구를 이루는 요소다. 한 가지 주목할 것은 no는 형용사이기 때문에 명사만 수식하는데 여기서는 부사인 particularly 앞에 붙어 마치 부사를 수식하는 것처럼 보인다. 하지만 no가 실제로 수식하는 것은 particularly가 아니라 stage다. 긴 명사구에서, 앞에 부정 어휘가 붙는 경우는 반드시 no가 쓰이지만, 다른 어휘가 쓰이는 경우는 형용사가 쓰일 수도 있고 부사가 쓰일 수도 있다. 근본적으로 무엇을 수식하는지를 정확하게 파악하고 써야 한다.

ex) There used to be very tall trees here.
여기에 아주 키 큰 나무들이 있었다. (tall을 수식하기 때문에 부사가 쓰였다)
There used to be beautiful tall trees here.
여기에 아름다운 키 큰 나무들이 있었다. (trees를 수식하기 때문에 형용사가 쓰였다)

Elated members of ~ an exhilarating dance

Elated members of ~를 분사구문으로 착각하지 않길 바란다. Elated 는 과거분사로 앞에서 명사를 수식하는 역할을 하고 있다. 그리고 elate 는 감정동사로 사람을 수식하기 때문에 과거분사로 쓰였다. 뒤에 나오는 exhilarate도 감정동사인데 사물인 dance를 수식하기 때문에 현재분사가 되었다. 일반동사들은 사람에 대해서는 능동의 뜻인 현재분사를 쓰고, 사물에 대해서는 수동의 뜻인 과거분사를 쓰는 데 반해, 감정동사는 사람에 대해서 쓰면 과거분사를 쓰고, 사물에 대해서 쓰면 현재분사를 쓴다. 꼭 알아두어야 할 감정동사에는 excite, interest, bore, worry, satisfy, please 등이 있다.

오랜 역사를 가진 문명 사회들은 고유의 전통 가면들과 이를 이용한 각
종 의식을 발달시켜 왔다. 한국의 전통 가면을 '탈'이라고 부르는데, 종
류도 많을 뿐더러 표정도 매우 다양하다. 탈을 쓰고 추는 춤을 '탈춤'이
라고 하며, 탈춤을 추면서 스토리를 이어가는 가면극을 '탈놀이'라고 한
다. 한국에서는 경상도 안동의 '하회탈놀이'가 가장 유명하다.

무대와 관객이 철저히 분리된 다른 공연들과는 달리 '탈놀이' 공연은
객석을 넘나든다. 별도의 무대를 설치하지 않고, 관객들이 빙 둘러앉은
가운데에서 배우들이 공연을 하고, 이때 탈놀이 연기자들은 끊임없이
관객의 호응을 유도한다. 관객 중에 나서기 좋아하는 사람은 배우들의
열띤 춤판에 뛰어들기도 한다. 탈춤판에서는 배우와 관객의 구분이 없
고 서로 어울려 흥겹게 노는 것이다.

해마다 9월 말쯤이면 안동 국제탈춤 페스티벌이 개최되는데, 참가자들
은 직접 다양한 탈을 만들어볼 수 있고, 한국 고유의 무속행사인 '굿'을
볼 수도 있다. 영어, 일어, 중국어 안내원이 있어 외국 관광객들에게 도
움을 준다.

해리 미영, TV에서 뭐 재미있는 거라도 하고 있니?

미영 응, '하회탈놀이'를 보여주고 있는데?

해리 하회탈놀이?

미영 응, 경북의 안동지방에서 생겨난 일종의 가면극인데 꽤 재미있어. 너도 같이 볼래?

해리 어디 봐. 가면이 굉장히 독특하게 생겼네. 표정이 살아 있는 것 같아.

미영 맞아. 그게 하회탈만의 특징이지? 턱 부분을 따로 만들어 끈으로 연결해서 배우가 말할 때 움직일 수 있게 했어. 그리고 좌우가 서로 다르기 때문에 보는 각도에 따라 표정이 달라지지.

해리 어, 관객들도 공연에 참여를 하네.

미영 응, 그것도 하회탈놀이의 특징이지. 배우와 관객이 한데 어울려 서로 흥을 북돋아주지.

Wetlands and Bird Habitats in Korea

Making up more than three percent of the southern half of the peninsula, Korean wetlands are considered one of the five most extensive and well-developed wetlands in the world. These wetlands, mostly concentrated along the southern and western coastlines, have healthy marine ecosystems supporting more than 200 species, and now offer young students a great chance to learn more about biodiversity.

Korean wetlands are also well-known as stopover habitats for migrating birds, which move from New Zealand to the Siberian region. In the middle of the long journey, they stop to take a rest in the vast marshlands of Korea. Thus, visitors who time their visits well can enjoy the spectacular view of tens of thousands of birds flocking together.

Approximately 1.12 million migrant birds of 185 different

NOTES

wetlands : 습지대 habitat : 거주지, 서식지 make up : 구성하다, 만들다 consider : 고려하다, 간주하다 extensive : 광대한, 넓은 well-developed : 잘 발달된 concentrate : 집중하다 coastline : 해안선 healthy : 건강한, 건전한 marine ecosystem : 해양 생태계 support : 지지하다, 후원하다 species : 종, 종류 chance : 기회 learn : 배우다 biodiversity : 생물 다양성 well-known : 잘 알려진 stopover : 단기 체류지, 잠시 머무는 곳 migrate : 이주하다

species visit Korea, the most famous being the Baikal teals. They stay around Lake Baikal in Siberia during the summer, and when it gets cold they move to warmer wetlands in Korea. More than 95% of the world's Baikal teal population winter in Korea. At sunset, in particular, tens of thousands of ducks create a breathtaking view as they fly in formation.

This huge flock of birds can be seen from November through February the following year around reservoirs and lakes in *Jeolla-do, Cheonsuman*("*man*" means a bay) along the West Sea and marshes around Lake *Gocheonam* on the southern coast.

NOTES

move from A to B : A에서 B로 이동하다　region : 지역, 지방　long journey : 긴 여정
take a rest : 휴식을 취하다　vast : 광대한　marshland : 습지대　visitor : 방문자
spectacular view : 장관　flock together : 모이다, 떼를 짓다　approximately : 대략
migrant birds : 철새　famous : 유명한　teal : 물오리　stay : 머무르다, 체류하다
during : ~ 동안에　get cold : 추워지다　population : 인구, 개체수　sunset : 일몰　in
particular : 특히　duck : 오리　breathtaking : 아슬아슬한, 숨막히는

Alley   Wow, that's spectacular! Where is it?

Jinwoo   It's *Woopo* Wetland, the biggest inland marsh in Korea. It has been declared a protected wetland by the International Wetland Convention. More than 62 different species of migrating birds come to visit each season. In winter, the sight of all those birds is amazing.

Alley   Where exactly is it located?

Jinwoo   Along the *Nakdong* River in *Changnyeong, Gyeong-sangnam-do*. The 570-acre area is also home to a diversity of marine creatures, including 28 different species of fish. Now it's been designated a natural ecosystem conservation area. But foreign species

---

NOTES

formation : 형성, 구성 huge : 거대한 flock : 무리, 떼 reservoir : 저수지 lake : 호수 bay : 만(灣) marsh : 늪, 소택지 coast : 연안, 해안

such as bullfrogs, bass and bluegill are destroying the biodiversity there, causing serious environmental problems.

Alley   That's too bad. I'd like to visit there some time soon.

inland : 내륙 declare : 선언하다, 공표하다 protect : 보호하다 convention : 협정, 전당대회 sight : 시각, 견해 amaze : 놀라게 하다 exactly : 정확하게 diversity : 다양성 marine creature : 해양 생물 designate : 지정하다, 선정하다 ecosystem : 생태계 conservation area : 보호 구역 bullfrog : 황소개구리 bluegill : 송어의 일종 destroy : 파괴하다 cause : 초래하다, 야기시키다 serious : 심각한 environmental problem : 환경 문제

표 현 연 구

Making up more ~ wetlands in the world

Making up ~은 분사구문으로 주어는 wetlands다. 원래의 문장을 복원하면 Since Korean wetlands make up more than ~이 된다.

make up은 '~를 구성하다'라는 뜻인데 수동태로 바꾸면 전치사 of가 쓰인다는 것도 알아두자. 즉, More than three percent of the southern half of peninsula is made of wetlands가 되는데 동사의 수에 주의해야 한다. percent of, rest of, half of 등은 of 뒤에 오는 명사의 수에 따라 수가 결정되기 때문이다.

percent와 percentage는 용법에 주의해야 한다. percent는 숫자 뒤에 쓸 수 있지만 percentage는 숫자 뒤에 쓸 수 없다. 예를 들면, '70퍼센트'라고 하면 70 percent나 a percentage of 70로 쓴다. '취업률'(the percentage of employment) 등과 같이 '~의 비율'이라는 뜻으로 쓰일 때는 percentage를 써야 하고, '몇 퍼센트'라는 뜻일 때는 percent를 써야 한다.

These wetlands, ~ more about biodiversity

이 문장의 주어는 These wetlands고 동사는 have다. mostly ~ coastlines는 삽입된 분사구문으로 주어를 보충 설명하고 있다.

supporting은 분사 형용사로 marine ecosystems를 뒤에서 수식하는 구문이고, and는 동사 have와 offer를 연결하는 역할을 하고 있다.

chance, ability, opportunity, attempt, capacity, effort, need, desire, failure 등은 to부정사의 수식을 받는 명사들로 시험에 자주 출제된다.

Visitors, who time ~ birds flocking together

time은 흔히 '시간'이라는 뜻의 명사로 많이 알고 있는데 동사의 뜻도 있다. 동사일 때는 '시기에 맞추다, 시간을 조절하다'라는 뜻이다. 여기서는 관계대명사절의 동사로 쓰여 visitors를 수식하고 있다. 전체 문장의 동

172

사는 can enjoy다.

소유격이 나온 김에 시험에 자주 출제되는 패턴 하나를 알아보도록 하자. 소유격이나 관사(부정관사/정관사), this/these, that/those 등은 전치 한정사라고 해서 명사를 수식하는 어구 중 맨 앞에 위치하고, 그 앞에는 필요한 경우 전치사만 올 수 있다. 〈(전치사) + 한정사 + (부사 + 형용사 + 명사) + 명사〉의 어순이 되는데, 그 앞에 다른 명사가 올 경우 명사의 연결어 역할을 하는 전치사가 있어야 한다. (절과 절을 연결할 때는 접속 사) 특히, this/these, that/those는 대명사로도 쓰이기 때문에 명사 없 이 단독으로 사용되기도 하지만, 소유격, 관사는 명사 없이 단독으로 쓰 일 수 없다. 전치사 역시 명사 어구의 앞에 위치하는 품사이므로 반드시 뒤에 명사가 있어야 한다. 그렇기 때문에 문장에서 전치사나 소유격, 관 사가 보이면 뒤에 명사가 있는지 체크해야 한다. 만약 명사가 없다면 틀 린 표현이다.

Approximately 1.12 million ~

Approximately는 부사지만 명사의 성격을 지닌 수사를 수식하기도 한 다. 원래 명사는 형용사가 수식하고 부사는 명사 이외의 품사들(형용사, 동명사, 분사, 부사, 구, 절 등)을 수식하지만 even, only, also, just 등 의 초점 부사들은 명사를 수식하기도 한다. 그 밖에 부사가 명사를 수식 하는 형태는 잘못된 것이다.

한반도 남쪽의 3퍼센트를 차지하는 습지는 세계에서 가장 규모가 크고 잘 발달된 5대 습지 중의 하나로 알려져 있다. 이들 습지는 대부분 남해안과 서해안에 집중되어 있으며, 200종이 넘는 해양생물을 부양할 만큼 건강한 해양 생태계를 유지하고 있다. 이 때문에 요즘에는 학생들에게 생물의 다양성에 대해 많은 것을 배울 수 있는 기회를 제공하고 있다.

한국의 습지는 뉴질랜드에서 시베리아 지역으로 이동하는 철새들의 중간 기착지로 유명하다. 철새들이 긴 여행을 하는 중간에 한국의 광대한 습지에 들러 휴식을 취하는 것이다. 그렇기 때문에 시기만 잘 맞추면 수십만 마리의 철새떼가 모여 있는 장관을 즐길 수 있다.

매년 185종 112만여 마리의 철새가 한국을 찾는데, 그 중 가장 유명한 것은 가창오리다. 여름철에는 시베리아의 거대 호수인 바이칼 호에서 지내다가 추운 겨울이 되면 따뜻한 한국의 습지로 날아오는데, 전세계 가창오리의 약 95%가 한국에서 겨울을 보낸다. 특히 해질 무렵 수십만 마리의 가창오리가 대형을 이루어 날면서 경탄할 만한 광경을 연출한다.

전라도의 많은 저수지와 호숫가, 그리고 서해안의 천수만, 남해안의 고천암호 주변에 있는 습지에서 11월부터 다음해 2월까지 가창오리떼를 볼 수 있다.

앵커   와아, 정말 장관이다. 저게 어디지?

진우   저기는 우포늪이야. 우리나라 최대의 내륙 습지지. 1998년 국제
        습지조약에 의해 보호습지로 지정된 곳이야. 철마다 62종에 달
        하는 철새들이 찾아드는데 특히 겨울철에 철새떼의 모습은 굉장
        하지.

앵커   정확히 어디에 있는 거야?

진우   경상남도 창녕의 낙동강 유역에 있어. 570에이커에 달하는 지역
        으로 철새뿐 아니라 28종의 어류를 비롯해 다양한 습지생물이
        서식하고 있어. 지금은 생태계 보호지역으로 지정되어 있지. 최
        근에는 황소개구리, 배스, 블루길 같은 외래어종들이 그곳의 토
        착 생물들을 죽이고 있어 심각한 환경문제를 야기하고 있지.

앵커   저런. 어쨌든 나도 꼭 한번 가보고 싶다.

Korean Drinking Culture

Koreans are well-known for their love of drinking, singing and dancing, so it should not be a problem to find karaoke bars(in Korean, *noraebang*), dance clubs or other places to enjoy an active night life. When it comes to alcohol consumption, in particular, Korea has always been up there with the best.

Most regions across the peninsula have developed their own traditional drinks, 12 of which are designated as important intangible cultural assets. Some Koreans enjoy a light drink with their meals called *Banju*, which in moderation is known to be good for the heart and stress relief.

Korean traditional liquors are generally made from rice and other various grains. Sometimes medicinal herbs are added to produce restorative drinks, which shows how much Koreans care about drinking and want to make it a healthy part of their

NOTES

drinking culture : 음주문화 singing and dancing : 가무(歌舞), 노래와 춤 find : 찾다, 발견하다 karaoke bar : 노래방 active : 활동적인 alcohol consumption : 술 소비 be up there : 상위권에 있다 with the best : 누구 못지 않게 region : 지역, 지방 develop : 개발하다, 발전시키다 traditional drink : 전통주(傳統酒) intangible cultural asset : 무형문화제 meal : 식사, 끼니 in moderation : 알맞게, 적당하게 good for : ~에 좋은 stress relief : 스트레스 해소 traditional liquor : 전통주

lives.

The most popular alcoholic drinks in Korea are *makgeolli* and *soju*. The former is brewed from grains and is usually consumed after hard farm labor in rural areas, while the latter is a distilled spirit enjoyed by a much wider population. Though considered a luxury overseas, *soju* is one of the most common and popular liquors in Korea.

DIALOGUE

Harry   Koreans seem to love drinking.

Miyeong   You're right. We Koreans are known to be a fun-loving people. We bond by singing, dancing and drinking together. We have this *hoesik* culture to boost a sense of unity.

Harry   *Hoesik*? What's that?

Miyeong   It's a social gathering within a certain community. It can be work colleagues, schoolmates, military buddies, people in the same hobby clubs, or whatever. Groups hold get-togethers on a regular basis so that everybody can feel they are an important part of the group and relieve stress by sharing their thoughts and feelings in a comfortable

---

fun-loving people : 놀이를 즐기는 민족 bond : 결속하다, 접착하다 boost : 밀어 올리다, 북돋우다 sense of unity : 소속감, 일체감 social gathering : 사회적 모임 certain : 어떤 work colleague : 직장 동료 schoolmate : 학교 친구 military buddy : 군대 동료, 전우 get-together : 친목회 on a regular basis : 정기적으로 relieve : 경감하다, 덜다 thought : 사상, 생각 feelings : 감정

178

and relaxed atmosphere. Almost every community has its own unique *hoesik* culture.

Harry   Then the more you're socially involved, the more chances to drink?

Miyeong   You could say that.

NOTES

in a comfortable and relaxed atmosphere : 편안하고 안락한 분위기에서   unique : 고유한, 독특한   involve : 포함하다

Koreans are well-known ~ active night life

and는 등위접속사로 서로 같은 품사, 같은 문장 요소를 연결하는 역할을 한다. 여기서는 drinking, singing, dancing의 동명사 세 개를 연결하고 있는데 시험에서는 이 중 하나의 품사를 바꿔놓고 틀린 곳을 찾는 문제로 종종 출제된다.

뒤에 나오는 or 역시 등위접속사로 dance clubs와 other places라는 두 개의 명사를 연결하고 있는데 둘 다 장소를 나타내는 명사라는 걸 알 수 있다. 이처럼 등위접속사가 연결하는 어휘는 대개 품사뿐 아니라 의미도 같은 류인 경우가 많다.

to find와 to enjoy는 to부정사로 둘 다 형용사적으로 쓰여 명사(a problem과 dance clubs and other places)를 수식하고 있다.

Most regions across ~ intangible cultural assets

12 of which에서 which는 traditional drinks를 받는 관계대명사다. 즉, '전통주들 중 12가지'라는 뜻이다. 뒤에 as는 자격을 나타내는 전치사다.

Some Koreans enjoy ~ and stress relief

called Banju는 분사로 a light drink를 뒤에서 수식하고 있다. 이때 주의할 것은 call이 5형식 동사로 목적보어로 명사를 취한다는 것이다. 분사를 쓸 때 뒤에 전치사 없이 바로 명사가 이어지면 능동형인 현재분사가 쓰여야 하지만 4형식 동사나 명사를 목적보어로 취하는 5형식 동사는 뒤에 바로 명사가 이어지더라도 과거분사가 쓰일 수 있다. called Banju는 능동형으로 쓰일 경우 call a light drink Banju가 된다.

which in moderation ~에서 in moderation은 전치사구로 부사 역할을 한다. which절의 주어로 착각하지 말 것! 여기서 which는 banju를 받는 관계대명사다.

Korean traditional liquors ~ other various grains

be made from은 '~로 만들어지다'라는 뜻이다. be made of도 같은 뜻
인데 용법상 약간의 차이가 있다. 재료가 화학적인 변화를 겪을 때는
from을 쓰고, 재료가 원래의 성질을 보존하고 있을 때는 of를 쓴다.

Though considered ~ liquors in Korea

Though considered ~는 주어와 be동사가 생략된 분사구문이다. 원래
의 문장은 Though it(= soju) is considered ~다.
one of나 most of, all of 뒤에는 특정한 명사의 복수형이 온다. 따라서
반드시 복수 대명사나 〈정관사 + 복수 명사〉가 이어져야 한다. 시험에서
는 뒤에 오는 명사를 단수형으로 쓰거나 정관사를 빠뜨리고 틀린 곳을 찾
는 문제로 출제된다.

You could say that

이 문장은 "그렇게 말할 수도 있지" 정도의 의미다. 가정법의 잔재인
could가 있어 조금 불분명한 표현이다. 말하자면 "그렇게 말할 수도 있지
만 꼭 그렇지만은 않다"라는 뉘앙스가 있다. 좀더 명확하게 말하고 싶을
때는 You can say that again이라고 하는데 "맞아" "바로 그거야"라는
뜻이다. 다른 말로 You've said it이라고도 한다.

우리나라는 음주가무를 즐기는 민족답게 어디를 가든 쉽게 노래방이나 활기찬 밤을 즐길 수 있는 무도회장 같은 곳을 찾을 수 있다. 특히 술 소비량에 관한 한 항상 세계 상위권에 속해 있다.

우리나라에서는 지역마다 독특한 지역 고유의 전통주가 개발되었고, 이 중 12종 정도가 중요무형문화재로 지정되어 있다. 또 반주라고 해서 식사를 할 때도 가볍게 술을 즐기는데, 이러한 반주는 지나치지만 않으면 심장에도 좋고 스트레스 해소에도 도움이 된다고 알려져 있다.

우리의 전통주는 주로 쌀을 비롯한 다양한 곡물로 빚는데, 여기에 몸에 좋은 약용식물을 첨가해 약용주를 만들어 먹기도 한다. 이것만 봐도 한국인들이 술을 얼마나 좋아하고 술을 생활의 건전한 일부로 만들고자 했는지 알 수 있다.

우리나라 사람들이 가장 많이 즐기는 술은 막걸리와 소주인데, 막걸리는 곡물을 발효시켜 만든 술로 주로 농촌에서 힘든 농사일을 마친 뒤에 즐기는 술이었고, 소주는 화학주로서 좀더 대중적으로 즐기는 술이다. 소주는 외국에서는 귀한 대접을 받지만 우리나라에서는 누구나 즐기는 서민적인 술이다.

해리   한국인들은 술을 즐겨 마시는 것 같아.

마엉   맞아. 우리 한국인들은 놀이를 즐기는 민족으로 알려져 있지. 서
로 어울려 노래하고, 춤추고, 술을 마시며 결속을 다지지. 지금
도 '회식' 문화라는 게 있어서 서로 유대관계를 강화하고 있지.

해리   회식? 그게 뭐야?

마엉   특정 공동체의 사교적인 모임이야. 회사 동료의 모임일 수도 있
고, 학교 친구 모임일 수도 있고, 군대 동료 모임일 수도 있고, 같
은 취미를 가진 사람들의 모임일 수도 있는데, 정기적으로 모임
을 가짐으로써 자신이 그 집단에서 중요한 존재라고 느끼고, 편
안한 분위기에서 서로 생각과 감정을 나누면서 스트레스를 해소
하지. 거의 대부분의 공동체가 고유의 회식 문화를 가지고 있어.

해리   그럼 사회활동이 왕성할수록 술 마실 기회도 많아지겠구나.

마엉   그런 셈이지.

Divination and Fortune-telling in Korea

It is natural that most human beings have vague fears about their futures and want to know what lies ahead. In order to ease the anxiety, many turn to those with a special spiritual gift who can communicate with divine sources and make supernatural phenomena. In the West, these people are called psychics or spirit mediums, while their Korean counterparts are named *mudang*.

Korean shamans practice divination, observe omens and pray for good fortune. In special cases, they prescribe amulets, which are red inscriptions on paper usually worn by the person or hung in the home to ward off bad fortune or evil spirits.

They also perform a rite called *gut* for their clients to change their luck by offering a sacrifice to a god along with singing

divination : 점 fortune-telling : 점 natural : 자연스러운 human being : 인간 vague : 막연한, 모호한 fear : 두려움 future : 미래 what lies ahead : 앞으로 무슨 일이 일어 날지(↔ what lies behind) ease : 진정시키다, 안심시키다 anxiety : 근심, 걱정 turn to : ~에 의지하다 spiritual gift : 영적인 선물 communicate : 의사 소통하다, 전 달하다 divine source : 신령 supernatural phenomenon : 초자연적인 현상 psychic : 무당 spirit medium : 영매 counterpart : 상대물, 사본 sharman : 무당

and dancing as a way to communicate with the deity. When people need to pray for themselves or their families, they may consult a *mudang* so that he or she can relay their wishes to the gods. A *gut* is a traditional shaman ritual with thousands of years of history characterized by unique Korean songs, dance and ceremonial procedures.

NOTES

practice : 실행하다, 개업하다   observe : 관찰하다, 준수하다   omen : 징조, 전조
pray : 기도하다   prescribe : 처방하다, 지시하다   amulet : 부적   inscription : 비명, 명
각   worn : wear(입다)의 과거분사형   hung : hang(매달리다)의 과거분사형   ward off
: 막다, 물리치다   evil spirit : 악령   rite : 의식, 의례   client : 고객   sacrifice : 제물, 희
생   along with : ~를 따라, ~와 함께   deity : 신성, 신적 존재   consult : 상담하다
relay : 중계하다   traditional sharman ritual : 전통적인 샤먼 의식

Alley   Hey, Jinwoo, what's that place?

Jinwoo   Oh, that's a fortuneteller's shop.

Alley   A fortuneteller's shop?

Jinwoo   You know, in the West, fortune-telling is done with tarot cards or by reading the stars. In Korea, we call those with special spiritual gifts *mudang*, who have knowledge of the supernatural, keep you away from bad fortune, and lead to good fortune.

Alley   *Mudang?*

Jinwoo   Uh-huh. You call them a psychic or a shaman in the West, right? They have this supernatural power to see the future. Korean shamans perform a ritual

---

NOTES

characterize : 특성을 부여하다, 특징을 지우다   **uniquely** : 독특하게, 특이하게
ceremonial procedure : 의식 절차

186

called *gut* to stave off evil spirits and pray for good fortune. But these days, it's really hard to see such performances.

Alley

Then that thing called *gut* is something like an exorcism?

Jinwoo

Yeah. You could say that. I wish we could watch one firsthand.

fortuneteller's shop : 점집 tarot card : 타로 가드 bad fortune : 불행 perform : 수행하다, 이행하다 stave off : 저지하다, 내쫓다 exorcism : 귀신 쫓아내기, 액막이 first hand : 직접, 바로

It is natural ~ what lies ahead

주절에 이성적·감정적 판단의 형용사인 natural, important, essential, necessary, urgent, strange, crucial, imperative 등이 오면 종속절에는 〈(should) + 동사원형〉이 온다. 주절에 제안, 요구, 명령의 뜻(require, suggest, recommend, propose, request, urge, advise, order, insist 등)이 올 때도 종속절에는 〈(should) + 동사원형〉이 온다. 이때 should는 대개 생략된다.

what lies ahead는 명사절로서 know의 목적어 역할을 한다. 명사절을 이끄는 접속사는 that, whether, if 등이 있는데, 특히 that은 what과의 구별을 묻는 문제로 자주 출제된다. that 뒤에는 완전한 문장이 오지만 what 뒤에는 주어나 목적어, 보어 중 하나가 빠진 불완전한 문장이 온다. 왜냐하면 what 자체가 뒤에 이어지는 문장에서 주어나 목적어나 보어 역할을 하기 때문이다. what lies ahead에서도 what이 주어 역할을 하고 있다. 그리고 관계대명사 that과 명사절 접속사 that을 혼동하지 말라. 관계대명사 that 앞에는 반드시 명사(선행사)가 있지만, 명사절 접속사 that 앞에는 명사가 없거나 오더라도 that절의 내용과 동격을 이루는 명사(fact, evidence, rumor, hope 등)가 온다.

Korean shamans ~ for good fortune

이 문장에서 practice는 동사다. and는 practice divination, observe omens, pray for good fortune의 동사구 세 개를 대등하게 연결하는 역할을 하고 있다.

When people need ~ wishes to the gods

재귀대명사는 주어와 목적어가 일치할 때만 쓸 수 있다. 이 문장에서도 pray for의 목적어와 주어가 동일하기 때문에 재귀대명사를 쓴 것이다. 그렇다면 They wanted me to pray for themselves는 맞는 표현일까? 이 문장에서는 재귀대명사를 쓸 수 없다. to pray for의 주어는

me(I)로 목적어와 일치하지 않기 때문에 They wanted me to pray for them이 되어야 한다. 만약, They wanted to pray for ~라면 재귀대명사 themselves가 오는 게 맞다. 이때는 to부정사구의 주어가 문장의 주어와 동일하기 때문이다.

so that은 목적절을 이끄는 접속사로 '~하기 위해, ~하도록'의 뜻이다. 같은 뜻의 접속사로는 in order that이 있다. '~하지 않기 위해'라는 뜻으로 쓰이는 구문으로 〈lest + 주어 + should + V〉와 〈for fear that + 주어 + V〉의 구문이 있는데, 주의할 것은 부정어가 없이 부정의 뜻을 나타낸다는 점이다.

You know, ~ reading the stars

여기서 You know는 '너 아니'라는 뜻이라기보다는 말을 끄집어낼 때나 뜸을 들일 때 쓰는 상투어다. '그러니까' '글쎄' 정도의 의미다.

in the West는 전치사구로 문장 전체를 수식하는 부사 역할을 하고 있고, 주어는 fortune-telling이다.

We call those, ~ to good fortune

call의 목적어는 those이고 mudang은 목적보어다. with special spiritual gifts는 those를 수식하는 구문으로, 그 사이에 who are가 생략된 걸로 볼 수 있다.

관계대명사 who의 선행사는 those로 복수이기 때문에 동사도 복수 동사(have)가 쓰인 것이고, and가 have ~, keep ~, lead ~의 동사부 세 개를 연결하고 있는 형태다.

인간은 자신의 미래에 대해 막연한 두려움을 가지고 있고 앞으로 어떤 일이 일어날지 알고 싶어하게 마련이다. 그러한 불안을 해소하기 위해 많은 사람들은 신령과 교감을 하거나 초자연적인 현상을 일으킬 수 있는 특별한 영적 능력을 지닌 사람들에게 의지한다. 서양에는 이러한 사람들을 심령사나 영매라고 부르는데 한국에서는 '무당'이라고 한다.

한국의 무당은 점을 쳐주고, 화를 막고 행운을 빌어주는 일을 한다. 특별한 경우 무당은 종이에 붉은 글씨를 적은 '부적'이라는 것을 써주기도 하는데, 대개 사람이 지니고 다니거나 집에 걸어둠으로써 악운이나 악귀를 몰아내는 것이다.

그리고 무당은 손님을 위해 '굿'이라는 제의를 주제(主祭)하는데, 신에게 재물을 바치고 노래와 춤으로써 신과 교통해 손님들의 운명을 바꿔주기 위한 의식이다. 누군가 자신이나 가족을 위해 신에게 축원할 것이 있으면 무당을 찾아가며, 무당은 신에게 그들의 바람을 전한다. 굿은 수천 년을 이어온 무속 의식으로 한국 고유의 노래와 춤, 제의 절차 등의 특색이 드러나는 의식이다.

앤리   진우, 저기는 뭐지?

진우   응, 저기는 점을 보는 곳이야.

앤리   점집이라고?

진우   알다시피, 서양에서도 타로점이나 별점을 보잖아. 한국에서는
       그런 특별한 영적 능력을 가진 사람을 '무당'이라고 하는데, 보
       이지 않는 것에 대한 지식이 있어서 사람들을 악운으로부터 떼
       어내고 행운으로 인도하는 사람들이지.

앤리   무당?

진우   그래. 서양에서는 그들을 영매나 샤먼이라고 부르지. 미래를 볼
       수 있는 특별한 능력을 타고난 사람들 말이야. 한국의 무당은
       '굿'이라고 해서 악귀를 쫓거나 행복을 비는 의식도 주제를 하는
       데 요즘은 굿하는 모습을 보기가 힘들어.

앤리   아, 그럼, '굿'이란 엑소시즘 같은 거야?

진우   그런 셈이지. 직접 볼 수 있으면 좋았을 텐데.

Korean Spoon and Chopsticks

Though seemingly inefficient at a glance, chopsticks can be highly efficient depending on what you need them for. They are very useful when you take solid ingredients out of soup, or pick up various side dishes like vegetables or tiny fried beans. In every civilization, its cutlery has developed depending on its dietary culture.

Unlike China, Japan and other East Asian countries using chopsticks at table, Korea puts as much emphasis on the spoon as the chopsticks. In China and Japan, they also use a spoon while eating, but it is usually supplementary to the chopsticks. To the contrary, Koreans use a spoon to eat rice, soup and stews, and chopsticks for rather dry side dishes. So on the Korean table, the spoon and chopsticks, called *sujeo*, always go together.

NOTES

spoon : 숟가락 chopstick : 젓가락 seemingly : 겉으로는, 외관상으로는 inefficient : 효력이 없는 at a glance : 한눈에, 첫눈에 depend on : ~에 의지하다 ingredient : 재료, 성분 pick up : 줍다, 집어 올리다 various : 다양한 side dish : 반찬 vegetables : 야채, 채소 tiny : 조그마한 fried bean : 볶은 콩 civilization : 문명 cutlery : (나이프, 포크 등) 식사 도구 dietary culture : 음식 문화 unlike : ~와 달리 at table : 식사중에 put emphasis on : ~에 중점을 두다

A spoon appears simple and artless, but with it you can take a large portion at a time. Chopsticks may seem hard to master, but they are so dexterous and sophisticated that they can even pull out a hair. It is argued that this *sujeo* culture epitomizes the amphibious nature of the Korean people, both simple and refined at the same time.

supplementary : 보충하는, 추가의 to the contrary : 반대로 stew : 스튜, 탕 dry side dish : 마른반찬 go together : 같이 가다, 어울리다 artless : 꾸밈없는, 소박한 take a large portion : 큰 부분을 차지하다 at a time : 동시에, 단번에 master : 숙달하다, 정복하다 dexterous : 솜씨 좋은, 교묘한 sophisticated : 복잡한, 정교한 pull out : 빼다, 뽑다 argue : 논쟁하다 epitomize : 요약하다, 발췌하다 amphibious nature : 이중적인 성격 refine : 정제하다, 맑게 하다 at the same time : 동시에

DIALOGUE

Miyeong: Wow! Harry, look at you. You're very good with those chopsticks.

Harry: No. I'm still struggling. I don't understand how Koreans can manipulate these so well and pick up tiny little things like beans.

Miyeong: You can't say all Koreans are good at chopsticks. I still have a hard time picking up little beans with them, and it must be tougher for young kids.

Harry: Then how do they eat?

Miyeong: Mostly with a spoon and a fork. By the way, did you know that using a spoon is a unique part of the Korean dining culture?

---

struggle : 싸우다, 애쓰다 manipulate : 교묘하게 다루다, 조작하다 be good at : ~에 능숙하다(↔ be poor at) have a hard time -ing : ~하는 데 애를 먹다 fork : 포크 dining culture : 식사 문화

Harry   Really?

Miyeong   Chopsticks are widely used in China, Japan and other East Asian countries, but to them, spoons are just a supplement. Only Koreans use a spoon as a primary tool at table.

NOTES

widely used : 폭넓게 사용되는 primary : 근본적인, 주요한

젓가락은 언뜻 비효율적인 것처럼 보이지만, 요리 종류에 따라서는 젓가락이 훨씬 효율적일 수 있다. 국물 요리에서 건더기를 건지거나, 채소나 볶은 콩처럼 작은 음식과 같은 반찬을 집을 때에는 젓가락이 훨씬 요긴하다. 어떤 문명이든 자신의 음식문화에 따라 음식을 먹는 도구가 개발되었다.

식사 중에 주로 젓가락을 사용하는 중국, 일본 등 다른 동아시아 지역과는 달리 한국은 숟가락도 젓가락만큼이나 중요시하고 있다. 중국이나 일본 등에서도 숟가락을 쓰지만, 대개 젓가락의 보조 도구에 그친다. 반면 한국인들은 밥과 국을 먹을 때는 숟가락, 반찬을 집을 때는 젓가락을 쓴다. 숟가락과 젓가락을 합쳐 '수저'라고 부르는데 한국의 식탁에서는 이 둘이 항상 함께 나온다.

숟가락은 단순하고 투박하지만 한번에 많은 음식을 뜰 수 있고, 젓가락은 사용법을 익히기가 어렵지만 머리카락 한 올을 집어낼 수 있을 만큼 정밀성을 자랑한다. 수저 문화는 한국인이 가지고 있는 우직하면서도 세련된 양면성을 잘 드러내고 있다.

미영   야아, 해리, 이제 젓가락질도 제법 잘 하는 걸.

해리   아냐, 아직도 힘들어. 한국사람들은 어떻게 작은 콩 같은 것도 젓가락으로 쉽게 집을 수 있는 거지?

미영   한국사람들이라고 모두 젓가락질을 잘 하는 건 아니야. 나도 작은 콩 같은 걸 집는 건 힘들거든. 어린애들에게는 더 힘들 거야.

해리   그럼 그 아이들은 어떻게 음식을 먹지?

미영   주로 숟가락과 포크를 사용하지? 참 우리의 식탁문화 중 숟가락이 더 독특한 우리 문화라는 거 알아?

해리   그래?

미영   젓가락은 중국이나 일본에서도 보편적으로 사용하지만 숟가락은 보조적으로만 사용하지. 우리나라에서만 숟가락이 식탁에서 주요 도구로 사용되지.

Korean Traditional Wedding

Like every civilization, Korea has its own time-honored wedding tradition. In the old days, a prospective bride and groom were not allowed to see each other before the wedding because the marriage was often arranged by their parents.

The groom makes a proposal by sending *sajudanja*(an envelope containing the hour, date and year of the groom's birth) to the bride's family, and if they decide to accept it, the couple becomes officially engaged. Once the wedding date is set, usually by the bride's parents, the groom sends presents and letters to his future spouse about a week before the wedding.

The actual ceremony takes place at the bride's home, mostly administered by a respected elder in the village. The groom delivers a pair of wooden wild geese to the bride as a symbol of his devotion and commitment to marriage. The couple then

NOTES

traditional wedding : 전통혼례 civilization : 문명 time-honored : 유서 깊은 tradition : 전통, 관례 in the old days : 옛날에 prospective bride : 예비 신부 prospective groom : 예비 신랑 allow : 허락하다 marriage : 결혼 arrange : 정돈하다, 준비하다 parents : 부모 make a proposal : 청혼하다 envelope : 봉투(v. envelop) contain : 포함하다, 담고 있다 decide : 결정하다, 결심하다 accept : 받아들이다 officially : 공식적으로 engage : 약혼시키다 usually : 보통, 대개 send : 보내다

make a deep bow to each other, and each takes three sips from a cup of liquor as a way to celebrate the unity of two souls.

After spending the first night at the bride's, the newlyweds pay an official first visit to the groom's family. There, a banquet is served with the food prepared for this special occasion by the bride's mother. Among the food, in particular, Chinese dates, chestnuts and gingko nuts signify wishes for fecundity and prosperity.

future spouse : 장래의 배우자 actual : 실제의 ceremony : 의식, 의례 take place at : ~에서 열리다 mostly : 대개, 주로 administer : 관리하다, 통치하다 respect : 존경하다, 존중하다 village : 마을 deliver : 배달하다, 넘겨주다 wooden : 나무의, 나무로 만든 wild goose : 기러기 devotion : 헌신, 전념 commitment : 언질, 약속 bow : 절; 절하다 sip : 한 모금, 찔끔 liquor : 술, 알코올 음료 celebrate : 축하하다, 거행하다 unity : 통일, 단일성 soul : 영혼 newlyweds : 신혼 부부 banquet : 연회

Alley   What do you think they're doing there? Let's go take a look.

Jinwoo   Where? Oh, that's a traditional wedding. It should be interesting.

Alley   What's that thing wrapped in red?

Jinwoo   Oh, that's a wooden wild goose. It's a present for the bride from the groom. It symbolizes three virtues of wild geese.

Alley   Three virtues of wild geese?

Jinwoo   They're known to never mate again once their partner's gone. Everlasting love. That's the first virtue.

Alley   Yeah? What's the second one?

Jinwoo   Order and harmony. They always keep strict order when they fly in the sky. And last but not least, great achievements. Wild geese always leave some kind of trace behind their trail. It's part of their instincts. And the strand of red and blue threads over there stand for conjugal harmony; the pine tree and the bamboo, fidelity; and Chinese dates and chestnuts, longevity and fecundity.

Jinwoo   You're like a walking encyclopedia.

conjugal harmony : 부부의 화합 pine tree : 소나무 bamboo : 대나무 fidelity : 충실,
성실 Chinese date : 대추 longevity : 장수, 수명 walking encyclopedia : 걸어다니는
사전

다른 나라들과 마찬가지로 한국에도 고유한 혼례풍습이 있다. 옛날에는 당사자들의 의사와는 상관없이 부모들이 혼례를 정하기 때문에 신랑과 신부가 혼례를 치르기 전까지 서로 얼굴을 볼 수 없었다.

신랑 쪽에서는 신부집에 '사주단자'(신랑의 생년월일시를 적은 봉투)를 보내 청혼을 하고, 신부측에서 그것을 받아들이면 혼인이 성사된다. 혼인 날짜는 신부측 부모들이 결정하는데, 날짜가 결정되면 신랑 쪽에서는 일주일 전쯤에 신부에게 줄 예물과 편지를 써서 보낸다.

혼례는 신부집에서 치러지는데, 주례는 덕망 있는 마을 어른이 맡게 된다. 먼저 신랑이 결혼에 대한 헌신과 언약의 의미로 나무를 깎아 만든 기러기를 신부에게 전한다. 이어서 신랑과 신부가 서로 절을 하고 화합을 기원하는 뜻으로 술을 세 번에 나누어 마신다.

신부집에서 첫날밤을 치른 뒤 신랑집에 가서 정식으로 가족들에게 인사를 드린다. 이때 신부의 어머니가 싸준 혼례음식으로 상을 차리는데, 그 음식 가운데 대추, 밤, 은행 등은 자식을 많이 낳고 번창하라는 뜻이 담겨 있다.

앤디   진우, 저기서 뭔가 하는가 본데. 한번 가보자.

진우   어디? 아, 전통 혼례식을 하고 있네. 재미있겠다.

앤디   저기 붉은 보자기에 싸여 있는 건 뭐야?

진우   아, 저거. 나무로 만든 기러기야. 신랑이 신부에게 선사하는 건
        데, 기러기는 세 가지 덕목을 상징하지.

앤디   기러기의 세 가지 덕목?

진우   기러기는 짝을 잃으면 결코 다른 짝을 찾지 않는대. 바로 변치
        않는 사랑이 첫 번째 덕목이지.

앤디   두 번째는 뭐야?

진우   질서와 화합이야. 기러기는 날아갈 때 항상 질서정연하게 날아
        가지. 마지막은 훌륭한 업적이야. 기러기는 자신의 흔적을 분명
        하게 남기는 속성이 있거든. 그리고 저기 있는 청홍색의 실은 부
        부의 금실을 상징하고, 소나무와 대나무는 절개, 대추와 밤은 장
        수과 다산을 상징하지.

앤디   와아, 진우는 아는 것도 많구나.

Play and Entertainment in Korea

The Koreans' collective entertainment culture is epitomized by a number of seasonal festivals, including *Seolnal*(first day of first lunar month), *Dano*(fifth day of fifth lunar month) and *Chuseok* (15th day of eighth lunar month). The primary purpose of those festive occasions is to recharge by taking a break from hard farm work and enjoying delightful entertainments and rich banquets.

On the other hand, enjoyment of individual leisure is more focused on transcending material desires. Koreans tend to believe that only those who are wise enough to seek genuine peace of mind can take a full advantage of their leisure time. Enjoying time-off with this kind of attitude is called *pungnyu* in Korean.

Basic to *pungnyu* is traveling when the seasons change to

entertainment : 오락, 여흥 collective entertainment culture : 집단 오락 문화
epitomize : 요약하다, 개요를 만들다 seasonal festival : 계절 축제 primary purpose :
주된 목적 festive occasion : 축제 recharge : 재충전하다 take a break : 휴식을 취하
다 delightful : 즐거운, 유쾌한 rich banquet : 풍성한 잔치 individual leisure : 개인적
인 여가 transcend : 초월하다, 능가하다 material desire : 물질적인 요구 seek : 찾
다, 추구하다 genuine : 진짜의, 진품의 take advantage of : ~를 이용하다

embrace the vibrant energy of nature.

Another integral part of *pungnyu* is singing and dancing to break out of a rut and achieve harmony with nature through songs and free body movements.

In conclusion, Korea's traditional recreation is mostly concerned with experiencing mother nature and improving quality of life by breaking free from secular passions. Thus, those who truly understand and practice *pungnyu* are those who pursue peace of mind and universal wisdom.

DIALOGUE

Alley   Jinwoo, what do Koreans do in their free time?

Jinwoo   In the old days, my ancestors used to celebrate the changing of the seasons with singing and dancing. It's not much different these days. In spring, we go to the mountains or parks to see beautiful flowers. In summer, we take holidays around rivers or the seaside. And as the trees change color in fall, we visit the mountains to look at the autumn leaves. And in winter, we take a trip to enjoy wonderful snowscapes. Most of the time, we do it in a group rather than alone. And those trips are almost always accompanied by singing, dancing and drinking.

Alley   I've seen some Koreans make a scene in public enjoying themselves. It didn't look good.

NOTES

free time : 여가 시간(= leisure time) ancestor : 조상, 선조 used to V : ~하곤 했다 celebrate : 축하하다 seaside : 해변 autumn : 가을 leaves : leaf(나뭇잎)의 복수 take a trip : 여행하다 snowscape : 설경 alone : 혼자 accompanied by : ~를 동반한 make a scene : 소란을 피우다, 야단법석을 떨다 in public : 대중 앞에서, 공공연히

Jinwoo I know what you mean. For those who don't understand that kind of culture, it may look bad. We Koreans have a very strong sense of unity amongst ourselves. By making the most of our leisure time and just being ourselves, we take a break from the stress of life and work. Then we feel much closer to each other. But these days, it's hard to see such activities in public because there are strict regulations against them. I don't know whether it's a good thing or a bad thing.

한국인의 집단적 놀이문화는 대개 설(음력 1월 1일), 단오(음력 5월 5일), 추석(음력 8월 15일)과 같은 계절적 특징을 살린 축제로 나타난다. 고달픈 농사일에서 잠시 벗어나 흥겨운 놀이와 푸짐한 음식을 즐기며, 삶의 에너지를 충전하는 것이다.

반면 개인적 놀이문화는 물질적 욕망을 초월하는 데 초점을 맞추고 있다. 한국인들은 진정한 마음의 평화를 찾을 수 있는 지혜를 갖춘 사람만이 진정한 여가를 즐길 수 있다고 보았다. 이런 마음가짐으로 즐기는 여가문화를 '풍류'라고 부른다.

풍류는 먼저 계절에 따라 여행을 다니며 자연의 활기찬 기운을 한껏 몸 안에 품는 것이 기본이다. 풍류의 또 다른 정수는 노래를 부르고 춤을 추며 노래와 자유로운 몸짓을 통해 일상의 굴레에서 벗어나고 자연과 조화를 이루는 것이다.

결국 한국의 전통적 놀이문화는 세속의 욕망에서 벗어나 대자연을 만끽하고, 삶의 질을 향상시키는 데 목적이 있었다. 그래서 진정으로 풍류를 알고 그것을 실천하는 사람은 마음의 평화를 추구하고 우주의 지혜를 찾는 자들이었다.

진우, 한국사람들은 여가 시간에 뭘 하지?

예로부터 우리 민족은 노래를 부르고 춤을 추며 계절의 변화를 찬미하곤 했지. 지금도 별반 다를 게 없어. 봄이면 산과 공원으로 꽃구경을 가고, 여름이면 강과 바다에서 휴가를 즐겨. 그리고 가을에 단풍이 물들면 산으로 단풍놀이를 떠나고, 겨울이면 설경이 근사한 곳으로 여행을 떠나지. 대부분 혼자 떠나기보다는 무리를 지어 떠나. 그리고 이런 놀이에는 어김없이 노래와 춤과 술이 따르지.

가끔 한국인들이 공공장소에서 그런 모습을 보이던데 별로 좋아 보이지는 않았어.

하긴 그럴 거야. 그런 문화를 이해하지 못하는 사람들에게는 안 좋게 보일 수도 있으니까. 우리나라 사람들은 서로간에 끈끈한 공동체 의식을 가지고 있지. 우리나라 사람들은 짬을 내서 흥겹게 놂으로써 일과 생활로 인한 스트레스를 해소하고, 또 서로 흉허물없이 가까워지지. 하지만 요즘은 공공장소에서 그런 모습을 보기가 힘들어. 규제가 심해졌거든. 무엇이 옳고 그른 건지 모르겠어.

Modern Korea

The establishment of the first state on the Korean Peninsula goes back as far as 5,000 years ago to around 2333 B.C. Dangun Wanggum

establishment of the first state on the Korean Peninsula goes back as far as 5,000 years ago to around 2333 B.C. It dominated the region fo

After the fall of Gojoseon followed a period marked by the struggle of three rival kingdoms: Goguryeo, Baekje and Silla. It is referred

northeast of China, once the territory of Gojoseon. At the late 7th century, however, Silla in alliance with Tang China succeeded in con

Goguryeo's terrain to China. Therefore, it was nothing but an incomplete unification.

As Unified Silla fell into decline, two major groups of rebel leaders emerged as self-proclaimed successors of Baekje and Goguryeo an

nations, which was around the early 10th century. The rule of the Goryeo Dynasty lasted for some 400 years till the 14th century.

After the Goryeo Dynasty came the Joseon Dynasty followed by the 30-year Japanese occupation, and then the establishment of the Repu

as far as 5,000 years ago to around 2,333 B.C., Dangun Wanggeom ruled a vast territory reaching from northeastern part of China to the
joseon which was the first kingdom of Korea. The establishment of the first state on the Korean peninsula goes back

Between 2333 B.C. It dominated the

and merge ... by the emergence of three rival kingdoms, Goguryeo, Baekje and Silla. It is referred to as the Three Kingdoms period ... Of the three,
the largest kingdom, claiming sovereignty over the northern part of the peninsula and the northeast of China until the downfall of Gojoseon.

At the late 7th century,
however, with the alliance with Tang China succeeded in recapturing its lost territory and established Unified Silla.
Nevertheless since its unification effort was not completely independent, it had to give up most of the conquered territory to China.
Therefore it was neither a full or complete unification.

ory reaching from northeastern part of China to the whole peninsula, and founded Gojoseon which was the first kingdom of Korea. The

till 108 B.C.

ngdoms Period. Of the three, Goguryeo was the largest kingdom, claiming sovereignty over the northern part of the peninsula and the

als and established Unified Silla. Nevertheless, since its unification effort was not completely independent, it had to give up most of the

ate Latter Baekje and Goryeo, respectively. This so-called Latter Three Kingdoms Period ended when Goryeo defeated the other two

5.

Korea, Mecca of International Sporting Events

Since the 1986 Asian Games and the 1988 Olympic Games, Korea has begun to rise to prominence on the world stage, and surprised the world in 2002 by successfully hosting the 2002 Korea-Japan World Cup. It has now become a renowned venue for diverse international sporting events.

For both the 1988 Olympic Games and the 2002 World Cup, in particular, Korea was pitted against Japan to host the international sports events. It was at the 1981 IOC General Assembly in Baden Baden that Seoul was chosen as the venue. It was an unexpected result that Seoul was selected to host the 1988 Olympics over Nagoya, Japan, though Nagoya seemed better prepared in every aspect.

Compared to the previous two events(the 1980 Moscow Olympics and the 1984 LA Olympics), which stopped short of a global event in the wake of the Cold War, the Seoul Olympic Games became a symbol of unity between the East and the

mecca : 메카, 발상지 begun : begin(시작하다)의 과거분사 rise to prominence : 출세하다, 두각을 나타내다 surprise : 놀라게 하다 host : 주최하다 renowned venue : 유명한 개최지 diverse : 다양한 sporting event : 스포츠 행사 in particular : 특별히 (= especially, particularly) be pitted against : 경쟁하다, 겨루다 general assembly : 총회 chosen : choose(고르다)의 과거분사 unexpected : 예상치 않은 select : 고르다, 선발하다 prepared : 준비된 in every aspect : 모든 면에서

West. For Korea, hosting such a huge international sports competition alone was quite an achievement, but it also emerged as a sports power by jumping to fourth place out of 160 countries.

Later on, Korea as a latecomer again faced fierce competition with Japan in its bid for the 2002 World Cup, and in the end FIFA decided that the two countries should be joint hosts.

To everyone's surprise, Korea turned the football world upside down by rising to the fourth place, defeating well-trained European teams from Poland, Portugal, Italy and Spain. Such a tremendous feat would not have been possible without the enthusiastic cheering of the supporters called "Red Devils." The spectacle of more than 8 million people on the streets cheering their team, shouting *"Dae Han Min Guk"* (meaning Republic of Korea), was a dramatic and unforgettable spectacle.

compared to : ~에 비해 stop short : 갑자기 중단시키다(= stop dead) in the wake of : ~의 결과로 unity : 통일, 조화 competition : 경쟁 achievement : 달성, 업적 emerge : 나타나다 jump to : ~로 뛰어오르다, 도약하다 out of : ~ 중에 latecomer : 후발주자 fierce : 사나운, 맹렬한 bid : 입찰, 노력 in the end : 마침내, 결국 decide : 결정하다 joint host : 공동 주최 to one's surprise : ~가 놀랍게도 upside down : 거꾸로, 뒤집히어 well-trained : 잘 훈련된 tremendous : 엄청난, 거대한

DIALOGUE

Harry

Miyeong, would you tell me a little about the Seoul Olympics and the 2002 Korea-Japan World Cup?

Miyeong

In fact, Nagoya, Japan, was the strongest candidate for the 1988 Olympics. As a latecomer, Korea lagged far behind its competitor in terms of international status and influence. Everything seemed in Japan's favor. But from the political perspective, things were different. The IOC felt threatened as the previous games had been seriously disturbed by political disputes between the East and the West. So they decided the 1988 Olympics should be a unifying event that could include all participants regardless of their political conviction. To that end, they believed, Seoul was the perfect choice.

feat : 위업, 공적   enthusiastic : 열렬한, 열광적인   cheer : 기운을 북돋다, 환호하다
supporter : 지지자   unforgettable spectacle : 잊을 수 없는 장관   candidate : 후보자
lag far behind : 훨씬 뒤처지다   in terms of : ~의 점에서   international status : 국제적
위상   influence : 영향(력)   in one's favor : ~에게 유리한   political perspective : 정치
적인 관점   threaten : 위협하다   disturb : 어지럽히다   political dispute : 정치 논쟁
participant : 참가자   regardless of : ~와는 관계없이   political conviction : 정치적 신념

Harry   I heard Korean athletes did really well then.

Miyeong   Right. We had won only one gold medal before we jumped to 12th place in the 1984 Olympics. We surprised the world by taking 4th place in the following 1988 games. The same thing happened during the 2002 World Cup. Korea had never won a World Cup game before, but then we found ourselves the 4th strongest team all of a sudden.

Harry   Yeah, I remember. I watched the news footage. Such a huge crowd took to the streets to root for their country. That was incredible!

Miyeong   You can say that again. How can we forget? More than 8 million people cheering on the streets!

athlete : 운동 선수   won : win(이기다)의 과거 · 과거분사   all of a sudden : 갑자기(= on a sudden)   incredible : 믿을 수 없는

Since the 1986 ~ Korea-Japan World Cup

이 문장에서 Since는 접속사가 아니라 전치사다. since는 접속사로 쓰이든 전치사로 쓰이든, 시간의 구나 절을 이끌 때는 완료 시제와 함께 쓰이는 경우가 많다. 이 문장에서도 주절에 has begun이라는 완료 시제가 쓰였다. and 뒤의 surprised도 has에 걸리는 완료 시제다.

For both the 1988 ~ World Cup

both는 both A and B 형태로 쓰이는 상관접속사로 항상 and와 함께 다닌다. both가 등장하는 경우 먼저 and를 찾아보아야 한다. 그 밖의 상관접속사로는 either A or B, neither A nor B, not only A but (also) B 등이 있는데 함께 어울려 다니는 접속사에 주의해야 한다.

It was ~ as the venue

이 구문은 It is[was] ~ that ... 강조구문이다. 개최지로 결정된 장소를 강조하기 위해 강조구문을 쓴 것이다. 동사를 제외하고 강조하고자 하는 말을 It와 that 사이에 넣기만 하면 강조구문이 된다. 주의할 것은 동사는 이 구문으로 강조할 수 없다는 것이다. 동사를 강조할 경우는 동사 앞에 do[does, did]를 붙이면 된다.

It을 사용하는 구문으로 가주어-진주어 구문이 있는데 절이나 구처럼 주어가 긴 경우 주어를 뒤로 빼고 그 자리에 가주어 It을 써주는 구문이다. 강조구문과 형태가 비슷하기 때문에 혼동하기 쉽지만 구별하는 방법은 강조구문은 원래 문장에서 강조하고자 하는 말을 It과 that 사이로 보내기 때문에 that 이하의 절이 불완전하고, 가주어-진주어 구문에서는 완전한 문장이 온다. 바로 다음 문장 It was an unexpected ~ in every aspect가 가주어-진주어 구문이다.

ex) It was Susan that I saw at the department.

　　　내가 백화점에서 본 것은 수잔이었다. (강조구문)

　　　It was not easy that I found her at the department.

백화점에서 그녀를 찾는 것은 쉬운 일이 아니었다.

(가주어-진주어 구문)

defeating well-trained ~ Italy and Spain

분사구문이다. as it(= Korea) defeated well-trained ~에서 접속사와 주어를 생략하고 동사를 분사로 바꾼 것이다. 이때 시제는 주절의 시제와 동일하다. 만약 앞선 시제라면 having defeated로 완료 분사를 썼을 것 이다.

Such a tremendous feat

such와 so는 명사를 수식할 때 관사의 위치에 주의해야 한다. such의 경 우 〈such a + 형용사 + 명사〉의 어순이지만 so의 경우 〈so + 형용사 + a + 명사〉의 어순이다. what, quite, rather 등은 such와 같은 어순을 취하고, how, as, too 등은 so와 같은 어순을 취한다.

1986년 아시안게임과 1988년 올림픽 이후, 한국은 세계 무대에 알려지기 시작했고, 2002년 한일 월드컵을 성공적으로 치러내면서 세계를 놀라게 했다. 이제 한국은 각종 국제 스포츠 대회를 위한 이름난 개최지가 되었다.

특히 88년 올림픽과 2002년 월드컵은 공교롭게도 모두 일본과 유치경쟁을 벌였다. 서울이 개최지로 선택된 것은 81년 바덴바덴에서 열린 IOC총회에서였다. 모든 면에서 일본의 나고야가 준비가 더 잘 되어 있었음에도 불구하고 서울이 88 올림픽의 개최지로 결정된 것은 예상치 못한 결과였다.

이전 두 대회(80년 모스크바 올림픽과 84년 LA 올림픽)가 냉전으로 반쪽 짜리 대회에 머문 반면 서울 올림픽은 동서가 화합하는 장이 되었다. 한국이 올림픽과 같은 대규모 국제 스포츠 대회를 성공적으로 치른 것도 놀라운 일이었지만, 160개국이 참가한 대회에서 세계 4위에 오름으로써 스포츠 강국으로 우뚝 서는 계기가 되었다.

한국은 2002년 월드컵 유치 경쟁에도 뒤늦게 뛰어들어 일본과 치열한 경쟁을 벌이게 된다. 결국 FIFA는 한일 공동 개최를 결정하게 되었다. 놀랍게도 한국은 폴란드, 포르투갈, 이탈리아, 스페인 등의 잘 훈련된 유럽팀들을 물리치고 4위에 입상함으로써 세계 축구계를 발칵 뒤집어 놓았다. 그런 대단한 위업은 '붉은악마'로 불리는 서포터들의 응원이 없었다면 불가능했을 것이다. 800만 명이 넘는 사람들이 거리로 나와 '대한민국'을 외치며 한국팀을 응원한 장관은 극적이고 잊을 수 없는 광경이었다.

미영, 오늘은 서울 올림픽과 한일 월드컵에 대해 듣고 싶어.

사실 88 올림픽은 일본의 나고야가 유력한 개최지였지. 후발 주자였던 한국은 국제 사회에서의 위상이나 영향력에서 일본에 훨씬 뒤졌었어. 모든 면에서 일본이 유리한 상황이었어. 하지만 정치적인 관점에서는 상황이 달랐어. 그 이전 두 대회가 동서 양진영의 정치논리로 반쪽 짜리 대회가 되자 IOC는 위기감을 느꼈던 거야. 그래서 IOC는 88 올림픽이 정치적 신념에 관계없이 모든 참가자들을 포괄하는 화합의 장이 되어야 한다고 결정했지. 그래서 그들은 서울이 최상의 개최지라고 믿었지.

그 대회에서 한국은 아주 좋은 성적을 거뒀다고 들었는데.

맞아. 우리나라는 84년 올림픽에서 12위로 껑충 뛰어오르기 전까지 단 한 개의 금메달밖에 못 땄어. 그리고 88년 대회에서 4위를 차지함으로써 세계를 깜짝 놀라게 했지. 이건 지난 2002년 월드컵에서도 마찬가지였어. 이전 대회까지 단 1승도 거두지 못했던 한국이 단숨에 4강까지 올라갔었지.

그래, 기억나. 나도 외신을 통해 봤어. 엄청난 인파가 자기 나라를 응원하기 위해 거리로 쏟아져 나왔지. 믿을 수 없는 장면이었어.

그래 맞아. 우리도 그때의 감동을 잊을 수 없어. 무려 800만 명이 거리 응원에 참여했었으니.

Seoul, Vibrant Heart of Modern Korea

Seoul's old name was *Hanyang*, and it has served as the capital city ever since *Joseon* was established. The word "Seoul" means "capital" in Korean, originating from "*Seorabeol*," an old name for *Gyeongju*, capital of the *Silla* Kingdom.

Seoul was a unique planned city, entirely surrounded by a massive fortress wall with four big gates and another four small gateways. Royal palaces were constructed at the most auspicious places inside the walls, and right outside the palaces were diverse administrative offices. *Jongro* street, where these offices were located, was also lined with more than 3,000 stores and markets. The population of *Hanyang* at the end of the 15th century reached around 100,000.

When the independent government of the Republic of Korea was founded in 1945, the city was officially named Seoul. The

vibrant : 활기찬, 떨리는 capital city : 수도 originate from : ~에서 유래하다, 기원하다 unique : 고유한, 독특한 planned city : 계획 도시 entirely : 완전히 massive : 거대한, 육중한 fortress : 요새 gate : 대문, 입구 gateway : 입구, 통로 royal palace : 왕궁 construct : 건설하다 auspicious : 길조의, 성스러운 diverse : 다양한 administrative office : 관청 be lined with : ~가 줄지어 있다 independent government : 독립 정부 found : 설립하다, 창립하다 officially : 공식적으로 resident : 거주자

number of residents then ran to 900,000, and that of automobiles amounted to 5,000. Now 50 years later, the population of Seoul has increased 11-fold to over 10 million, while the number of cars has surged 500 times to 3 million.

The campaign slogan for the 1988 Seoul Olympics was "The World Comes to Seoul and Seoul Goes out to the World." With the country's dramatic economic growth and the successful hosting of both the Olympics and the World Cup, Seoul has now indisputably emerged as a prominent global city.

automobile : 자동차 amount to : ~에 달하다, 이르다 population : 인구 increase : 증가하다 surge : 파도가 일다, 급등하다 campaign slogan : 홍보 문구 dramatic economic growth : 극적인 경제 성장 successful hosting : 성공적인 개최 indisputably : 논쟁의 여지 없이 emerge : 나타나다, 드러나다 prominent : 눈에 띄는, 두드러지는 global city : 세계 도시

Miyeong, when was Seoul designated the capital city of Korea?

It has been our capital city since the foundation of the *Joseon* Dynasty. With the *Han* River flowing through from east to west, Seoul had long been considered a strategically important location. According to historical records, even during the Three Kingdoms period, the nation that controled this area flourished.

What exactly does the name "Seoul" mean?

The name is said to originate from *"Seorabeol,"* an ancient name for *Gyeongju*, capital of the *Silla* Kingdom. Since then, the capital city of any country

---

foundation : 설립, 창건 flow : 흐르다 strategically important location : 전략적 요충지
historical record : 역사적인 기록 control : 통제하다, 제어하다 flourish : 번창하다,
융성하다 ancient : 고대의, 옛날의

was called Seoul. Also Seoul was formerly called *Hanyang*. I think we had long been using Seoul meaning our capital, and it still remains up-to-date.

Harry   How many people live in Seoul?

Mi-yeong   According to official statistics, Seoul is home to around 25% of the country's population, or over 10 million people.

formerly : 이전에, 먼저 remain : 남다, 머무르다 up-to-date : 최근의, 최신의 official statistics : 공식적인 통계

표 현 연 구

The word "Seoul" ~ the Silla Kingdom

in Korean에서 전치사 in은 '~로'라는 뜻이다. 전치사 in이 이런 용법으로 쓰이는 경우는 in ink(잉크로), in the mail(메일로) 등이 있다. in은 기본적으로 시간이나 장소 명사 앞에 쓰인다. at, on도 시간이나 장소 명사 앞에 쓰이는데, in이 긴 시간과 넓은 장소에 쓰이는 반면, at은 짧은 시간과 좁은 장소(주소의 번지)에, on은 거리명과 특정한 시간에 쓰인다.
ex) It is located in Seoul. 그것은 서울에 위치해 있다.

It is located on the Seventh Street. 그것은 7번 가에 위치해 있다.
It is located at the small town. 그것은 작은 마을에 위치해 있다.

Let's meet in the morning. 아침에 만나자.
Let's meet on the July 7. 7월 7일에 만나자.
Let's meet at 3 p.m. 오후 3시에 만나자.

또 한 가지 알아두어야 할 것은 교통 · 통신 수단을 표현할 때 by를 사용하면 명사 앞에 관사가 없지만(by car, by phone, by mail 등) 다른 전치사가 올 경우 관사가 붙는다는 것(over the phone, in the mail, in the car)이다.

right outside ~ offices

right outside the palaces는 주어가 아니라 부사구다. 부사구가 강조를 위해 문장 앞으로 나오면서 도치된 구문이다. 따라서 주어는 diverse administrative offices다. 원래의 문장은 diverse administrative offices were right outside the palaces다.
ex) Deep in the heart of the Aegean lies the island of Nabarone.
에게 해 깊숙한 곳에 나바론 섬이 자리잡고 있다.

224

Jongro street, ~ stores and markets

장소 부사절이 중간에 삽입된 문장이다. 부사절은 문장 끝에 위치하는 게 원칙이다. 그 위치를 벗어나 문장 앞에 오거나 이렇게 중간에 삽입이 되는 경우 쉼표(,)로 구분해준다.

Seoul has now ~ global city

시제를 묻는 문제에서는 관련된 시간 표현을 잘 살펴야 한다. since, for, just, now, before 등은 완료 시제와 함께 쓰이는 경우가 많고, ago, yesterday 등의 명백한 과거를 나타내는 시간 표현이 있는 경우는 반드시 과거 시제를 써야 한다.

since 뒤에는 시간 명사(구)가 올 수도 있고 절이 올 수도 있지만, for 뒤에는 시간 명사(구)만 올 수 있다. for 뒤에 절이 오는 경우는 이유를 나타내는 부사절이 된다. since 역시 이유를 나타내는 부사절을 이끌 수 있으니 시간인지 이유인지를 잘 구분해야 한다. 그리고 since가 시간 부사절을 이끄는 경우 since절 내에서의 동사는 과거 시제라는 것도 기억하자.

ex) It has been a long time since I saw you last.

지난번에 널 본 후로 오랜 시간이 흘렀다.

We haven't met each other since last year.

작년 이래로 우리는 서로 만나지 못했다.

I have stayed here for two hours.

난 2시간 동안 여기에 머물렀다.

I was late for work, for I was caught in the traffic jam.

교통체증에 걸려 직장에 늦었다.

서울의 옛 이름은 '한양'이었고 1391년 조선의 건국과 함께 우리나라 수도 역할을 하고 있다. '서울'은 한국어로 '수도'라는 뜻인데 그 말의 유래는 신라의 수도였던 경주의 옛 이름 '서라벌'에서 왔다.

서울은 전체가 거대한 성벽으로 둘러싸인 채 네 개의 큰 문과 네 개의 작은 문을 가지고 있는 독특한 계획 도시였다. 궁궐은 성 안에서 최상의 길지(吉地)에 지어졌고, 궁궐 바로 밖에는 여러 관청들이 자리를 잡았다. 이 관청들이 위치한 '종로'에는 3,000여 개의 상점과 시장이 늘어서 있었고, 한양의 인구는 15세기 말에 10만여 명에 달했다.

1945년에 대한민국 정부가 수립되었을 때 서울이 공식 명칭이 되었는데, 당시 인구는 90만 명, 자동차는 5,000대였다. 그 후 50여 년이 흐른 지금, 서울의 인구는 11배나 증가하여 1,000만 명을 넘어섰고, 자동차는 무려 500배가 넘는 300만 대에 육박했다.

88서울올림픽의 캠페인 주제가 '세계는 서울로, 서울은 세계로'였는데, 한국의 경제 성장과 더불어 올림픽과 월드컵을 성공적으로 치러냄으로써 서울은 이제 명실상부하게 세계 유수의 도시로 부상했다.

해리 미영, 서울은 언제부터 한국의 수도가 되었지?

미영 서울이 우리나라의 수도가 된 것은 조선이 건국되면서였어. 한 강이 동서를 가로질러 흐르는 서울은 오랫동안 전략적 요충지로 여겨져 왔어. 삼국시대에도 이 지역을 점령한 국가가 번성했다 는 게 기록에도 나와 있어.

해리 서울이라는 이름에 어떤 의미가 있어?

미영 응, 신라 왕조의 수도였던 '서라벌'의 옛 이름에서 유래했다고 전해져. 그 이후부터 한 나라의 수도를 '서울'이라고 부르게 되 었거든. 서울도 예전에는 '한양'으로 불렸어. 우리의 수도라는 뜻으로 그 이름을 사용하다가 정착된 것 같아.

해리 현재 서울의 인구는 어느 정도 돼?

미영 공식적으로 발표된 수치에 따르면 우리나라 전체 인구의 1/4 정 도가 서울에 살고 있대. 1,000만이 넘는 숫자지.

A Wonderful Trip to the 600-year-old City of Seoul

Seoul is a place where tradition and modernity exist side by side in harmony. Cultural sites and ancient palaces with hundreds of years' history are spread throughout the whole city. But as it is not easy to explore them all on your own, the Seoul Metropolitan Government operates Seoul city tour buses that travel around 28 tourist attractions most frequented by foreign visitors.

Tour buses set off from *Gwanghwamun* every half hour from 9 am through 7 pm. Tickets are available at airports, hotels or on board. Each tour takes about two or two and a half hours, and during the ride, information is provided in Korean, English, Chinese, Japanese and French.

There are two kinds of tour, a downtown tour and a palace tour. The former stops at 28 tourist sites, including traditional structures such as *Gwanghwamun* and *Deoksugung*, as well as

NOTES

wonderful : 놀랄 만한, 훌륭한 trip : 여행 tradition and modernity : 전통과 현대
exist : 존재하다 side by side : 나란히 in harmony : 조화롭게 ancient palace : 고궁
spread : 펴다, 뻗다 throughout : 도처에, 전역에 explore : 탐험하다, 탐구하다
metropolitan government : 시 정부 operate : 운영하다, 운전하다 tour : 관광 여행
travel : 여행하다, 순회하다 tourist attraction : 관광 명소 frequent : 자주 방문하다
foreign visitor : 외국 방문객 set off : 출발하다, 시작하다 ticket : 표, 티켓

modern places like the National Theater of Korea and *Namdaemun* Market, or even *Cheong Wa Dae*, the presidential residence. As its name suggests, the palace tour offers an impressive look around the grand ancient palaces of Seoul. One of the greatest advantages of the city tour service is that you can hop on and off at any stop you want. For example, you can get off at *Myeong-dong* for shopping and then resume your trip on the next available bus. As I mentioned above, buses run every thirty minutes. On top of that, you can also change your tour plan at any junction of the two courses.

airport : 공항 hotel : 호텔 on board : 탑승하여 ride : 승차, 타고 감 provide : 제공하다, 주다 Chinese : 중국어 Japanese : 일본어 French : 프랑스어 downtown : 도심지(의) the former : 전자 traditional structure : 전통 건물 presidential residence : 대통령 관저 suggest : 제안하다, 암시하다 offer : 주다, 제안하다 impressive : 인상적인 advantage : 이점, 유리한 입장 hop on and off : 타고 내리다 for example : 예를 들면 get off : 내리다 resume : 다시 시작하다, 계속하다

Alley   I'd like a tour of downtown Seoul. Any suggestions?

Jinwoo   Why don't you use the Seoul city tour bus?

Alley   The Seoul city tour bus?

Jinwoo   Yeah. You can hop on a tour bus, which leaves at *Gwanghwamun* every half hour. Where would you like to go in particular?

Alley   Historical sites and ancient palaces.

Jinwoo   Then you can take the Palace Tour course.

Alley   Where can I get a ticket? Can I have more details about the bus schedule?

NOTES

mention : 언급하다, 간단히 말하다　above : ~ 위에　run : 달리다, 운행되다　on top of that : 무엇보다도　junction : 접합점, 환승역

Jinwoo   You can buy a ticket from a guide on board. The tour runs from 9 a.m. through 7 p.m. Each tour begins every half hour. And you can hop on and off at whichever stop you want with no extra charge.

Alley   Great!

NOTES

suggestion : 제안, 암시 in particular : 특히 historical site : 유적지 details : 상세한 설명 schedule : 스케줄 guide : 안내자 extra charge : 추가 비용

231

as it is to ~ by foreign visitors

it is to explore ~는 가주어-진주어 구문이다. 진짜 주어는 to explore ~ your own이고 it은 주어를 대신해서 내세운 가짜 주어다. 이와 비슷한 구문으로 가목적어-진목적어 구문이 있는데 마찬가지로 목적어가 길 때 진짜 목적어를 뒤로 빼고 가짜 목적어 it을 원래 목적어 자리에 쓰는 것이다. 이때 목적어는 to부정사구나 절이어야 하고 그냥 명사구일 때는 뒤로 빼더라도 가목적어 it을 쓰지 않는다.

ex) The advent of airplanes made it easy to travel abroad.
    비행기의 출현이 해외 여행을 쉽게 만들었다.
    His invention made possible the observation of microorganisms such as bacteria and bacilli.
    그의 발명품이 박테리아와 세균 같은 미생물의 관찰을 가능하게 했다.

that절의 주어는 tour buses다. frequented는 과거분사로 attractions를 수식하고, most는 frequented를 수식하는 부사의 최상급이다.

One of the ~ stop you want

one of 뒤에는 항상 복수 명사가 온다. 명사 앞에 the를 붙이는 것도 잊지 말자. most of(대부분의) 역시 뒤에는 항상 복수 명사가 오는데, 정해진 명사여야 하기 때문에 정관사가 붙거나 대명사가 온다. most 앞에 the를 붙이지 않도록 주의한다. the most는 '가장 많은'이라는 뜻으로 many, much의 최상급이다.

that 이하는 관계대명사절이 아니라 명사절로서 is의 보어 역할을 하고, you want 앞에는 관계대명사 that(or which)이 생략되어 있다. 목적격 관계대명사는 생략할 수 있지만 전치사가 관계대명사 앞으로 오는 경우 관계대명사를 생략할 수 없고 that을 쓸 수도 없다.

ex) This is a place that[which] I am familiar to.
    → This is a place to which I am familiar.
    이곳은 낯익은 곳이다.

232

As I mentioned ~ thirty minutes

as I mentioned above는 '위에서 언급했듯'의 뜻으로 쓰이는 관용구문
이다. run은 '달리다'의 뜻으로 흔히 쓰이지만, 업체 등에 쓰일 때는 '운
영하다', 물 등에 쓰일 때는 '흐르다', 버스, 열차 등에 쓰일 때는 '운행하
다' 등의 여러 가지 뜻으로 쓰인다.

ex) He runs a small restaurant.

그는 작은 식당을 운영한다.

The river runs through the heart of the city.

그 강은 도시의 심장부를 가로질러 흐른다.

every thirty minutes는 '30분마다'라는 뜻이다. every 뒤에는 단수 명
사가 오지만 중간에 수사가 삽입되는 경우 복수 명사를 쓸 수 있다. 주의
할 것은 기수가 아니라 서수가 오는 경우다. 서수가 오는 경우는 복수가
아니라 단수 명사가 와야 한다.

ex) every two weeks = every other week = every second week

Where would you like ~

would like 뒤에는 명사가 오지만 would like to 뒤에는 동사원형이 온
다. in particular에서 particular는 형용사가 아니라 명사다. 전치사 뒤
에는 항상 명사가 와야 한다.

ex) I'd like a reservation for tonight.

오늘밤 예약을 하고 싶은데요.

I'd like to reserve a room for tonight.

오늘밤 방을 하나 예약하고 싶은데요.

서울은 전통과 현대가 조화롭게 공존하는 도시다. 도시 곳곳에 수백 년이 넘는 역사를 지닌 문화 유적들과 고궁들이 숨어 있다. 하지만 혼자서 그 모든 곳을 답사하기란 쉽지 않기 때문에 서울시는 외국인들이 가장 많이 찾는 28곳의 유적지를 순회하는 서울시티투어버스를 운행하고 있다.

버스는 광화문에서 오전 9시부터 오후 7시까지 30분마다 출발한다. 티켓은 공항이나 호텔 등에서 구입할 수 있으며, 버스에 탄 후 구입해도 된다. 투어 시간은 2시간에서 2시간 반 정도이며, 투어 중에 한국어, 영어, 중국어, 일본어, 프랑스어로 정보를 제공한다.

투어는 두 종류가 있는데, 도심 코스(Downtown Tour)와 고궁 코스 (Palace Tour)가 그것이다. 도심 코스를 타면 광화문, 덕수궁 등의 전통 건축물과 국립극장과 남대문 시장 같은 현대적 공간, 그리고 대통령 관저인 청와대 등 28곳을 돌게 된다. 이름이 말해주듯 고궁 코스는 서울의 주요 고궁을 둘러보는 코스다.

서울시티투어버스의 가장 큰 장점 중 하나는 원하는 곳 어디서든 타고 내릴 수 있다는 점이다. 예를 들면 명동에서 내려 쇼핑을 한 후 다음 버스로 시티투어를 계속할 수 있다. 앞에서 말했듯 버스는 30분마다 운행된다. 무엇보다도 도심 코스와 고궁 코스의 정류장이 겹치는 곳에서는 다른 코스로 갈아탈 수도 있다.

앨리 진우, 오늘 서울 시내를 한번 둘러보고 싶은데, 어떻게 하는 게 좋을까?

진우 서울시티투어버스를 이용해보는 게 어때?

앨리 서울시티투어버스?

진우 응. 광화문에서 30분마다 한 번씩 출발하는 투어버스를 타면 돼? 그런데 앨리는 어떤 곳을 주로 가보고 싶은데?

앨리 유적지나 고궁을 가보고 싶어.

진우 그럼 고궁 코스를 타면 되겠구나.

앨리 티켓은 어디서 살 수 있는데. 그리고 자세한 운행 시간은 어떻게 돼?

진우 티켓은 버스를 탈 때 가이드에게 구입할 수 있어. 오전 9시부터 오후 7시까지 운행하는데 30분마다 출발하지. 그리고 추가 비용 없이 원하는 정류장 어디서든 타고 내릴 수 있어.

앨리 그래?

Mt. Geumgang Tour

M t. *Geumgang* is considered the most beautiful
mountain range on the Korean Peninsula.
This one-of-a-kind scenic spot offers such
spectacular landscapes in each season that it has
four different seasonal nicknames. Since it is located in North
Korea, separated from the South by the military demarkation
line, it was not accessible to South Korean tourists until 1998.

Mt. *Geumgang* is 1,638m high at its highest peak named
Birobong. The entire mountain range is like a big natural
sculpture park featuring spectacular views of marvelous rock
formations created through thousands of years of weathering
and erosion. The innner area of the mountain ranges called
Naegeumgang has more feminine and softer geographical
features, while the outer *Oegeumgang* area facing the East Sea is
more grandiose and masculine. The area, which lies off

consider : 고려하다, 숙고하다 mountain range : 산악 지대 one-of-a-kind : 유일무이
한 scenic spot : 경치 좋은 장소 spectacular landscape : 볼 만한 경치 nickname :
별명 separated from : ~에서 갈라진, ~에서 분리된 military demarkation line : 군사
분계선 accessible : 접근하기 쉬운 highest peak : 가장 높은 봉우리 entire : 전체의
natural sculpture park : 자연 조각 공원 marvelous : 놀라운, 경탄할 만한 formation :
형성, 구조, 암층 create : 창조하다, 만들어내다 weathering : 풍화 erosion : 침식

Oegeumgang towards the ocean, is called *Haegeumgang*, literally meaning the oceanside area of Mt. *Geumgang*. Due to much rain and snow, the mountain also has a number of valleys and waterfalls, which make the whole range a natural monument complete with thousands of pinnacles, cliffs, fantastically-shaped boulders, waterfalls and the nearby ocean.

It wasn't until December 18, 1998, that Mt. *Geumgang* was made accessible from South Korea. In an effort to improve inter-Korean relations, a Mt. *Geumgang* tour project was promoted, and consequently, a cruise tour departing from *Sokcho* and *Donghae* ports to North Korea opened allowing tourists to view the amazing mountain range. Since September 1, 2003, visitors have also been able to travel there by road, crossing the border by bus according to the South-North agreement.

NOTES

feminine : 여성의, 여성적인 geographical features : 지리적인 특징 face : 면하다, 마주하다 outer : 밖의, 외부의 grandiose : 웅장한, 장엄한 masculine : 남성적인 literally : 글자 그대로 oceanside area : 해안 지역 valley : 계곡, 골짜기 waterfall : 폭포 monument : 기념물, 유물 complete : 완전한, 완성된 pinnacle : 산봉우리, 꼭대기 cliff : 절벽 fantastically-shaped boulders : 기암괴석 nearby ocean : 인근 바다 not until : ~할 때까지는 아니다 in an effort to V : ~하려는 노력으로

DIALOGUE

Alley   Jinwoo, what's the name of the mountain in that picture? It's so beautiful.

Jinwoo   That's Mt. *Geumgang* in North Korea. It's one of the most scenic mountains on the peninsula. It has such unique colors and beauty each season that it has four different names.

Alley   Mt. *Geumgang* in North Korea?

Jinwoo   That's right. You know we're divided North and South, don't you? South Koreans couldn't go there before, no matter how much they wanted to.

Alley   You mean you can visit there now?

Jinwoo   Yes. Thanks to the Mt. *Geumgang* tour project which

NOTES

improve : 향상시키다, 개선하다 relations : (이해) 관계, 교제 promote : 승진시키다, 판촉하다 consequently : 따라서, 결과적으로 depart from : ~에서 출발하다 port : 항구 cross the border : 국경을 넘다 according to : ~에 따라서 agreement : 합의, 일치

has been promoted for several years, we can go there both by sea and road. Of course, under strict supervision by the North Korean authorities. More than 10,000 tourists visit there each year.

Alley So have you ever been there?

Jinwoo Not yet. But I'm planning a trip for my parents sometime in the future.

NOTES

picture : 사진, 그림 unique : 유일한, 특이한 beauty : 미, 아름다움 divide : 분할하다, 나누다 visit : 방문하다 thanks to : ~ 덕분에 under strict supervision : 엄격한 감시 아래 authorities : 당국, 관헌 parents : 부모

This one-of-a-kind ~ seasonal nicknames

이 구문은 결과를 나타내는 so/such … that ~구문이다. '너무 …해서 ~하다'의 뜻을 지니는데 so와 such가 쓰일 때 주의해야 할 것이 있다. 〈so/such + 형용사 + 명사〉의 구문일 때는 부정관사의 위치에 주의해야 한다.

so가 쓰일 때는 〈so + 형용사 + a + 명사〉의 어순이 되어야 하고, such 가 쓰일 때는 〈such + a + 형용사 + 명사〉의 어순을 취한다. 그리고 so 는 부사이기 때문에 뒤에 명사 없이 형용사나 부사만 오는 경우도 있는데 반해, such는 형용사이기 때문에 뒤에 반드시 명사가 있어야 한다.

반면 이 문장에서와 같이 〈형용사 + 명사〉의 어순이더라도 부정관사가 없는 경우 so를 쓸 수 없는 경우도 있다. 즉, 〈형용사 + 명사〉의 구조라도 의미상 명사를 수식하는 형태면 so는 쓸 수 없고 such만 가능하다.

ex) She is so lovely that every man falls in love with her at first sight. (such는 쓸 수 없다)

그녀는 너무 아름다워서 모든 남자들이 첫 눈에 반한다.

They are such good people that they cannot help ignoring the poor. (so는 쓸 수 없다)

그들은 너무 착해서 불쌍한 사람들을 그냥 지나치지 못한다.

Since it is located ~ until 1998

since는 흔히 '~ 이래로'라는 뜻의 접속사와 전치사로 쓰이는데, 여기서 는 '~ 때문에'라는 뜻의 접속사로 쓰였다. 이유 부사절을 이끄는 접속사 는 여러 가지가 있는데, 대표적인 것이 because다. 그 밖에도 since를 비롯해 as, for, now that 등이 있다. 그런데 여기서 한 가지 알아두어야 할 것은 다른 것은 모두 종속접속사인데 for는 등위접속사이기 때문에 문 장의 맨 앞에는 쓰일 수 없다는 것이다.

separated from ~은 which is가 생략된 관계대명사 구문으로 North Korea를 수식하고 있고, not ~ until …은 '…가 되어서야 비로소 ~하

다'의 뜻을 지닌 구문이다. 뒤에 나오는 It wasn't until ~ South Korea 도 같은 뜻을 지닌 구문인데 not until ... that ~의 형태로 쓰여 있다.

The inner area of ~ grandiose and masculine

이 문장의 주어는 The inner area다. called Naegumgang은 주어를 부연 설명하는 구문으로 '내금강이라 불리는'이라는 뜻이다.

while은 '~하는 동안에'라는 뜻의 접속사로도 쓰이지만 여기서는 '~하는 반면에'라는 뜻으로 쓰인 접속사다. while절 내에서의 주어는 the outer Oegumgang area이고, facing the east sea는 주어를 수식하는 구문으로 '동해에 면해 있는' 이라는 뜻이다.

It has such ~ different names

이 문장 역시 결과를 나타내는 such ... that ~ 구문이다. 이 문장을 so ... that ~ 구문으로 바꾸면 Its colors and beauty is so unique each season that it has four different names가 된다. 원래 and로 연결된 명사는 복수 취급하지만 두 명사가 하나의 단위를 이룰 때는 단수 취급한다. 예를 들면 A professor and journalist gives his opinion on that issue라고 하면 '교수이자 언론인'이라는 뜻으로 한 사람을 의미한다. 하지만 A professor and a journalist give their opinion on that issue라고 하면 '교수와 언론인'이라는 뜻으로 두 사람을 의미한다. 즉, 관사가 어떻게 쓰이느냐에 따라 단수, 복수가 결정되는 것이다.

금강산은 한국인들에게는 민족 최고의 명산이다. 이 특별한 명산은 계절별로 다른 이름을 가지고 있을 만큼 빼어난 경치를 자랑한다. 하지만 군사 분계선에 의해 가로막힌 채 북쪽에 위치해 있어 1998년까지 남한 사람들은 가고 싶어도 갈 수 없었다.

금강산의 최고봉은 비로봉으로 1,639m다. 오랜 세월에 걸친 풍화와 침식작용으로 형성된 기암괴석들이 장관을 이루어 산 전체가 커다란 조각공원을 방불케 한다. 내륙 쪽의 내금강 지역은 산세가 좀더 여성적이고 부드러운 반면, 동해를 바라보는 외금강 지역은 웅대하고 남성적인 지형이다. 외금강에서 바닷쪽으로 나앉은 지역을 해금강이라고 하는데, 말 그대로 금강산의 바다 지역을 뜻한다. 눈과 비가 많은 지역이라 곳곳에 계곡과 폭포도 많다. 이처럼 금강산은 봉우리, 절벽, 자연석, 폭포, 강, 바다 등이 어우러진 자연의 종합공원이라고 할 수 있다.

남한 사람들이 금강산을 가볼 수 있게 된 것은 1998년 11월 18일부터다. 남북 관계를 개선하기 위한 노력의 일환으로 '금강산 관광 사업'이 추진되었고, 그 결과 속초와 동해항에서 북으로 출발하는 대형 유람선이 금강산 관광의 길을 열어준 것이다. 이후 2003년 9월 1일부터는 남북한 합의에 따라 버스를 타고 육로로 국경을 넘어 금강산을 여행할 수 있게 되었다.

앤디   진우, 저기 사진 속에 있는 산은 무슨 산이지? 너무 아름다워.

진우   응, 그건 금강산이야. 북한에 있는 산이지. 우리나라 최고의 명
        산이야. 계절마다 색다른 아름다움을 발하기 때문에 계절별로
        다른 이름을 가지고 있어.

앤디   금강산? 북한?

진우   응, 너도 우리나라가 남북으로 분단되어 있는 건 알지. 그래서
        남한 사람들은 아무리 가보고 싶어도 전에는 갈 수 없었지?

앤디   지금은 갈 수 있다는 거니?

진우   응, 수년 전부터 추진된 금강산 관광 사업 덕분에 지금은 해로와
        육로로 금강산을 가볼 수 있지. 물론 북한의 엄격한 감시를 받긴
        하지만. 매달 1만 명 이상이 금강산을 찾고 있어.

앤디   너도 가본 적이 있어?

진우   아니. 나중에 우리 부모님부터 보내드려야지.

Shopping Districts in Seoul

One of the most common problems you are likely to face when shopping overseas may be the language barrier. Foreign visitors to Korea are no exception.

The Seoul city government has designated three places that attract more than 100,000 foreign visitors each year as special tourist districts, providing proper resources and support including a tourist information center.

Itaewon was named the country's first special tourist district. Largely due to the U.S. military forces stationed nearby, the *Itaewon* area has long served as a shopping haven for foreigners. Many stores and shops stand close together, trading in a variety of quality items such as leather goods, clothes, shoes and pottery at a reasonable price.

Namdaemun Market is one of the most representative traditional

shopping district : 상점가 common : 공통의, 보통의 overseas : 해외의 language barrier : 언어 장벽 visitor : 방문객 exception : 예외 city government : 시 정부 designate : 선정하다, 임명하다 special tourist district : 관광특구 provide : 제공하다, 주다 proper : 적절한, 알맞은 resources : 자원, 재원 support : 지원, 후원 include : 포함하다 tourist information center : 관광 안내소 largely : 주로 military forces : 군대 station : 주둔시키다, 배치하다 haven : 항구, 안식처

marketplaces in Korea. As an old saying "If you can't get it at *Namdaemun*, you can't get it anywhere" indicates, *Namdaemun* deals with every kind of product imaginable. In addition, it is well-known for a diversity of cultural events, including traditional folk music performances.

Another noted shopping center in Seoul is *Dongdaemun*, which is known as a fashion landmark and home to several high-rise fashion malls. Visitors can experience everything about fashion from trendy accessories to traditional Korean costumes.

NOTES

stand close : 가까이에 붙어 있다   leather goods : 가죽 제품   pottery : 도자기 reasonable price : 적당한 가격   representative : 대표적인   traditional : 전통적인   old saying : 속담   indicate : 나타내다, 가리키다   deal with : ~를 다루다, ~를 취급하다 imaginable : 상상할 수 있는   a diversity of : 다양한   cultural event : 문화 행사   note : 주목하다, 유념하다   fashion landmark : 패션 명소   high-rise : 고층의   experience : 경험하다, 겪다   trendy accessory : 유행하는 액세서리   costume : 복장, 옷차림

Alley   Jinwoo, I'd like to go shopping today. Any advice?

Jinwoo   How about *Itaewon*? It's designated as a special tourist district, so you don't have to worry about getting ripped off. Price tags are mandatory there. On top of that, you may be able to communicate in English.

Alley   Sounds wonderful. Any other suggestions?

Jinwoo   *Namdaemun* and *Dongdaemun* are definitely worth a visit. *Namdaemun* is known to have something for everyone. They say you can buy anything there. On the other hand, *Dongdaemun* specializes in clothes and fashion items. And *Itaewon* is a good choice if you're looking for nice custom-made suits or

NOTES

advice : 충고 get ripped off : 바가지 쓰다 price tag : 가격표 mandatory : 의무적인, 강제적인 on top of that : 무엇보다도 communicate : 의사 소통하다 definitely : 확실히, 명확히 worth a visit : 방문할 만한 가치가 있는 on the other hand : 반면, 한편 specialize in : ~를 전문으로 하다 good choice : 훌륭한 선택

antique furniture.

Alley   So how can I get there?

Jinwoo   All three places are easy to get to. You can take the
bus or subway or take a taxi. Remember, you'd
better be good at bargaining at *Namdaemun* and
Dongdaemun. Otherwise, you might get ripped off.

Alley   Thanks for the tip.

NOTES   custom-made suit : 맞춤복 antique furniture : 골동품 가구 bargain : 흥정하다

Foreign visitors to Korea ~

visit는 동사로 쓰일 때는 타동사이기 때문에 전치사 없이 바로 목적어를
취한다. 하지만 명사로 쓰일 때는 연결 전치사로 to를 쓰기 때문에 〈visit
to + 장소〉의 형태로 쓰인다.

visit의 사람 명사형인 visitor도 마찬가지다.

be no exception은 '예외 없다'의 뜻인데 exception이 명사이기 때문에
부정형용사 no의 수식을 받고 있다. 형용사 exceptional을 쓰면 be not
exceptional(예외가 아니다)이 될 것이다.

The Seoul city ~ tourist information center

that 이하는 주격 관계대명사 구문이다. '관광특구로서 연간 10만 명 이
상의 방문객을 유치하는'이라는 뜻이다.

providing과 including은 토익 시험에서 이 자리를 비워놓고 현재분사
인지 과거분사인지를 묻는 문제가 자주 출제된다. 이때 쉽게 구분하는 방
법은 뒤에 전치사가 있느냐 없느냐를 확인하는 것이다.

〈 _____ + 전치사 + 명사〉인 경우는 과거분사가 오고, 〈 _____ + 명사〉인
경우는 현재분사가 온다.

전치사가 오는 경우 provide 뒤에는 by 혹은 for, with가 올 수 있고,
include 뒤에는 in이 온다.

ex) We will provide you with our state-of-the-art device.

You will be provided with our state-of-the-art device (by
us).

We will provide our state-of-the-art device for you.

Our state-of-the-art device will be provided for you (by
us).

우리는 여러분에게 우리의 최신식 장치를 제공할 것입니다.

Largely due to ~ haven for foreigners

due to는 '~ 때문에'라는 뜻으로 원래 문장 앞에는 쓰일 수 없는데, 구어에서는 곧잘 쓰이곤 한다. 엄격하게 문법을 따진다면 틀린 표현으로 지적될 수도 있겠지만 구어에서는 구분을 두지 않고 사용하므로 굳이 신경을쓸 필요는 없다. 같은 뜻으로 쓰이는 전치사구로는 owing to, becauseof 등이 있다.

station은 '역, 정거장'이라는 명사의 뜻도 있지만, 동사로 '주둔시키다,배치하다'라는 뜻으로도 쓰인다. 이 문장에 나온 stationed도 동사의 과거분사로 동사의 뜻을 지니며 앞의 명사를 수식하고 있다.

long은 '오래'라는 부사의 의미일 때는 주로 완료 시제와 함께 쓰이는 경우가 많다.

Another noted ~ high-rise fashion malls

noted는 동사가 아니라 뒤의 명사 shopping center를 수식하는 과거분사다. 분사는 뒤에서 명사를 수식하는 경우도 있지만 형용사처럼 앞에서수식하기도 한다. 분사는 문장에서 형용사와 같은 기능을 하는 경우가 많으며, 수식을 받을 때도 부사의 수식을 받는다.

which is ~는 주격 관계대명사절로 앞의 Dongdaemun을 부연 설명하는 기능을 하고 있다. 계속적 용법이기 때문에 that으로 바꾸어 쓸 수 없다는 것도 알아두자.

known as는 '~로 알려진'이라는 뜻이다. known은 뒤에 오는 전치사에따라 의미가 조금씩 달라진다. known to는 '~에게 알려진', known for는 '~로 유명한' 등의 뜻을 지닌다.

외국에서 쇼핑을 할 때 부딪히는 가장 어려운 문제는 의사소통의 문제다. 우리나라를 찾는 외국인 역시 마찬가지다.

서울시 당국은 매년 10만 명 이상의 외국인이 방문하는 세 곳을 관광특구로 지정하여, 관광안내소를 비롯한 적절한 지원을 하고 있다.

제일 먼저 관광특구로 지정된 곳은 이태원이다. 그 이유는 근처에 미군부대가 주둔하고 있기 때문인데 이태원 지역은 오랫동안 외국인들의 쇼핑타운 역할을 해왔다. 수많은 점포들이 밀집해 있어, 가죽제품, 의류, 신발, 도자기 등의 질 좋은 상품들을 합당한 가격에 판매하고 있다.

남대문시장은 서울의 대표적인 재래시장이다. '남대문에 없는 것은 세상에 없는 것이다'라는 옛말에서 알 수 있듯 상상할 수 있는 모든 상품이 거래되는 곳이다. 게다가 남대문시장은 국악 공연 등의 다양한 문화행사로도 유명하다.

또 하나의 쇼핑지역인 동대문은 패션타운으로 이름이 높은데, 고층의 패션 몰 여러 개가 들어서 있다. 최신 유행에서부터 한국 전통의상까지, 패션에 관한 모든 것을 만날 수 있는 곳이다.

앤디　진우, 오늘 쇼핑하고 싶은데 어디로 가는 게 좋을까?

진우　이태원이 어떨까? 관광특구로 지정되어 있어 바가지쓸 염려도 없어. 정찰제가 의무화되어 있거든. 무엇보다도 영어로 의사소통이 가능할 거야.

앤디　좋겠군. 또 다른 곳은 없어?

진우　남대문시장이나 동대문시장도 가볼 만하지. 남대문시장에는 없는 게 없어. 남대문시장에서는 뭐든 살 수 있다고들 하지. 반면 동대문 시장은 의류와 패션을 전문으로 하고, 이태원은 맞춤양복이나 전통가구를 찾을 때 최적의 곳이지.

앤디　교통편은 어때?

진우　세 곳 모두 교통은 편리한 편이야. 택시는 물론 버스와 지하철을 이용할 수 있거든. 참, 남대문이나 동대문 시장에서 물건을 살 때는 흥정을 잘 해야 해. 잘못하면 바가지를 쓸 수도 있거든.

앤디　알려줘서 고마워.

Traditional Folk Villages in Downtown Seoul

Here and there downtown Seoul, there remain folk villages which still cherish the mood of traditional culture. One of the most well-known folk villages in Seoul is *Namsangol Hanok* Village, which features restored traditional houses and gardens complete with pavilions and ponds. Most of them were once inhabited by royal family members. Traditional wedding ceremonies performed twice a week are also a must-see.

Another popular tourist attraction is *Bukchon Hanok* Village located between *Gyeongbok* and *Changdeok* Palace. Formerly an uptown residential area for royal families and high officials, it is like a downtown museum with a great number of historical documents, cultural assets and valuable folk items.

In the vicinity of Seoul, Korean Folk Village in *Yongin*, *Gyeonggi-do*, is highly recommended. A world-class outdoor

folk village : 민속촌 downtown : 도심지 remain : 남다, ~인 채로 이다 cherish : 고이 간직하다, 소중히 하다 mood : 기분, 분위기 traditional culture : 전통 문화 well-known : 잘 알려진 feature : 특색을 이루다 restore : 복원하다, 재건하다 traditional house : 전통 가옥 garden : 정원 pavilion : 정자, 누각 pond : 연못 inhabit : ~에 살다, 거주하다 royal family : 왕족 traditional wedding ceremony : 전통 혼례식 must-see : 꼭 봐야 할 것 popular : 인기 있는, 대중적인

museum that attracts more than 1.8 million visitors each year from both home and abroad, this celebrated tourist destination features re-created traditional houses of different regions and social classes, as well as market places and craft shops, where Korean lives of the late *Joseon* period are authentically portrayed.

Also worth a visit are *Hahoe* Village in *Andong, Gyeongsangbuk-do; Ocam-ri* Folk Village in *Asan, Chungcheongnam-do; Naganeupseong* Folk Village in *Suncheon, Jeolla-do; Gurim* Village in *Yeongam-gun* where hands-on experiences with pottery making are available; *Pungnam-dong Hanok* Village in *Jeonju,* which has over 750 tile-roofed traditional houses; and *Seongeup* Folk Village in *Jeju* Island.

NOTES

tourist attraction : 관광 명소 palace : 궁궐 formerly : 이전에, 먼저 uptown residential area : 주택가 high official : 고위 관료 museum : 박물관 historical document : 역사적인 문서, 사료 cultural asset : 문화 유산 valuable : 가치 있는, 귀중한 vicinity : 근처, 부근 highly : 매우, 대단히 recommend : 추천하다, 권하다 world-class outdoor museum : 세계적 수준의 야외 박물관 abroad : 해외로, 국외로 celebrate : 축하하다, 거행하다 destination : 목적지, 행선지

253

Alley   It seems like Seoul has only high-rise modern buildings just like any other big city in the world. Is there any place where I can see traditional architecture in Seoul?

Jinwoo   Sure there is. You might want to visit traditional *hanok* villages in *Namsangol* and *Bukchon*. Especially in *Namsangol,* you can look around Korean traditional gardens complete with pavilions and ponds. And *Bukchon* Village, located between *Gyeongbok* and *Changdeok* Palace, was a place where royal families and high officials lived hundreds of years ago, so a number of valuable cultural assets and folk materials still remain there.

Alley   How about outside Seoul?

NOTES

recreate : 개조하다, 재현하다   region : 지역, 지방   authentically : 실물로, 진짜로
portray : 초상을 그리다, 묘사하다   hands-on experience : 실제 체험   pottery making
: 도자기 제작   tile-roofed : 기와 지붕의

Jinwoo   Well... In *Yongin*, on the outskirts of Seoul, there is the Korean Folk Village. It is well-known for its authentic re-creation of lives of the *Joseon* period. Many tourists visit there, both foreigners and Koreans. Further down the south, you can visit *Hahoe* Village in *Andong*, *Gyeongsangbuk-do*, and *Seongeup* Folk Village in *Jeju* Island are also worth a visit.

Alley   Sounds like fun. While we are at it, I'd like to visit *Namsangol* and *Bukchon* today. Would you be my guide?

Jinwoo   Sure. Oh, we shouldn't miss the traditional wedding ceremony.

modern building : 현대식 건물 architecture : 건축(물) village : 마을 especially : 특히 look around : 둘러 보다 material : 물질, 소재 outskirt : 변두리, 교외 authentic re-creation : 실물 복원 period : 기간, 시대 fun : 재미, 장난 guide : 가이드, 안내자 miss : 놓치다

One of the ~ pavilions and ponds

앞에서도 말했듯, one of 뒤에는 항상 복수 보통 명사가 온다.

which features ~는 Hanok Village를 수식하는 주격 관계대명사절이다.

여기서 complete를 동사로 착각하지 않기를 바란다. complete는 '완비한, 갖춘'이라는 뜻의 형용사로서, 앞에는 which[that] are가 생략된 것이다.

Traditional wedding ~ a must-see

performed는 동사의 과거형이 아니라 과거분사로 주어를 수식하고 있다. twice a week를 perform의 목적어로 착각하지 않길 바란다. twice a week는 부사다. 하나 더 언급하자면 〈last, next, this, that, some, every + 시간명사〉에서는 앞에 전치사 없이 시간 부사구로 쓰이는데 이때 전치사가 없다고 해서 시간명사로 착각하면 안 된다.

must-see는 동사가 아니라 '꼭 보아야 할 것'이라는 뜻의 명사로 쓰인 것이다.

Formerly an uptown ~ valuable folk items

Formerly ~ high officials는 분사구문이다. Since it(= Bukchon Hanok Village) was formerly an uptown ~ high officials를 분사구문으로 바꾼 것이다.

a great[large] number of는 '많은'이라는 뜻의 수 형용사로 셀 수 있는 명사 앞에 쓰인다. 반면 a great[good] number of도 '많은'이라는 뜻이지만 양 형용사로 셀 수 없는 명사(추상ㆍ물질 명사) 앞에 쓰인다.

A world-class outdoor ~ are authentically portrayed

A world-class outdoor museum과 this celebrated tourist destination은 동격이다. that 이하는 museum을 수식하는 관계대명사 절이고, 문장의 주어는 features이다.

re-created는 과거분사로 traditional houses를 수식하는 역할을 하고 있다. A as well as B는 'B뿐 아니라 A도'라는 뜻으로 주어로 쓰일 때 A 에 수를 일치시킨다. 반면 not only A but also B, neither A nor B, either A or B 등의 다른 상관접속사는 B에 수를 일치시킨다.

where 이하는 관계부사로 market places and craft shops를 부연 설 명하는 역할을 한다.

Also worth a visit ~ in Jeju Island

worth a visit은 주어가 아니라 형용사구다. 주어는 Hanok village, Oeam-ri, Nagneupseong Folk village, Gurim village, Pungnam-dong Hanok village, Seongeup Folk Village다. 각각의 뒤에 딸린 구 들은 모두 앞의 지명을 부연 설명하는 역할을 한다.

where 이하는 관계부사절로 Gurim village를 수식하고 있고, hands-on experiences가 주어, are available가 동사다.

And Bukchon Village, ~ still remain there

주어는 Bukchon Village이고 동사는 was다. 중간에 삽입된 located between ~은 Bukchon을 부연 설명하는 과거분사 구문이다.

a place나 where는 둘 중 하나를 생략할 수 있다.

so 뒤의 문장에서 there는 there be 구문에 쓰이는 유도부사가 아니라 장소를 나타내는 부사다. 바꿔 쓰면 there still remain a number of valuable cultural assets and folk meterials there로 쓸 수 있겠다.

서울의 도심 곳곳에 전통문화의 정취를 간직한 민속마을이 남아 있다. 서울에서 가장 유명한 민속마을은 남산골 한옥마을이다. 이곳에는 정자와 연못을 갖춘 한국식 전통가옥과 정원을 복원해 놓았는데, 대부분이 한때 왕족들이 거주하던 곳이다. 또한 일주일에 두어 번씩 거행되는 전통혼례도 좋은 볼거리다.

또 다른 인기 있는 관광 명소로는 북촌 한옥마을이 있는데, 경복궁과 창덕궁 사이에 위치해 있다. 이곳은 이전에 왕족이나 고위관리들이 살던 주거지역이었는데, 수많은 사적과 문화재, 민속자료를 가지고 있어 도심 속 거리 박물관을 방불케 한다.

서울 근교에서는 경기도 용인의 한국민속촌이 추천할 만하다. 해마다 약 180만 명의 국내외 관광객들이 찾는 세계적인 야외 민속박물관으로서, 이 기념할 만한 관광지는 지역별·계층별 전통가옥들은 물론 장터 공방거리까지 재현하여 조선 후기 한국인들의 생활상을 생생하게 되살리고 있다.

그 밖에 가볼 만한 곳으로는 경상북도 안동의 하회마을과 충청남도 아산에 있는 외암리 민속마을, 전라도 순천의 낙안읍성 민속마을과 직접 도자기를 만들어볼 수 있는 영암군의 구림마을, 750여 채의 기와집이 모여 있는 전주의 풍남동 한옥마을, 제주도에 있는 성읍 민속마을 등이 있다.

앤리 서울에는 외국의 다른 대도시와 마찬가지로 고층 건물들만 있는 것 같은데 한국의 전통가옥을 볼 수 있는 곳이 없을까?

진우 물론 있지. 남산골이나 북촌에 있는 전통 한옥마을을 가보면 돼. 특히 남산골에서는 정자와 연못을 갖춘 한국의 전통정원도 둘러볼 수 있지. 그리고 경복궁과 창덕궁 사이에 있는 북촌마을은 수백 년 전에는 왕족이나 고관들이 살던 곳이었기 때문에 문화재나 민속자료들이 많이 남아 있어.

앤리 서울 밖에는 또 어떤 곳이 있어?

진우 글쎄… 서울 근교에는 용인에 한국민속촌이 있어. 이곳은 조선시대의 모습을 그대로 재현해놓은 걸로 유명해서 외국인뿐 아니라 내국인들도 많이 찾는 곳이야. 남쪽으로 쭉 내려가면 경북 안동의 하회마을과 제주 성읍 민속마을도 가볼 만한 곳이지.

앤리 재미있겠는데. 말이 나온 김에 오늘 당장 남산골과 북촌마을을 가보고 싶어. 안내 좀 해줄래?

진우 물론이지. 참, 전통혼례 장면도 놓치지 말아야 할 볼거리야.

Winter Sports in Korea

More than 70% of the Korean territory consists of mountainous terrain. Because the country has four distinct seasons, the temperature runs to over 30 during the hot summer days, but once the winter sets in, white snow covers the whole country, which then becomes heaven for skiers and snowboarders from December through February of the following year.

Currently, Korea has 13 world-class skiing resorts, most of which are located in *Gangwon* Province, north of Seoul. *Yongpyeong* Resort, the first winter sports resort in Korea, does not need to spray artificial snow since it gets over 3m of natural snow there on average. Within a two-hour drive from downtown Seoul are *Daemyeong* Vivaldi Park and *Bogwang* Phoenix Park, both of which are huge recreation centers complete with amusement facilities and condominiums as well

territory : 영역, 영토 consist of : ~로 구성되다 mountainous terrain : 산악 지역
four distinct seasons : 뚜렷한 사계절 temperature : 기온 run to : ~에 달하다, 이르
다 set in : (계절, 날씨 등이) 시작되다 cover : 덮다, 감추다 heaven : 하늘, 천국
snowboarder : 스노보드를 타는 사람 December : 12월 February : 2월 following
year : 이듬해 currently : 일반적으로, 널리 skiing resort : 스키장 province : 지방
spray : 뿌리다, 날리다 artificial snow : 인공 눈 on average : 평균적으로

as skiing and snowboarding slopes. Located further down south, *Muju* Resort is such an ideal place for winter sports that it hosted the 1997 Winter Universiade. It boasts a 6.2km-long ski slope, the longest in Korea.

When it comes to tourist attractions in Korea, people tend to think only about places of historic interest. With extremely rich natural tourism resources, however, Korea is also packed with places to enjoy a diversity of leisure and sport activities. Most recreational facilities are likely to be within the vicinity of historical sites. Thus, tourists can have the luxury of exploring traditional heritage and modern entertainment at the same time.

NOTES

huge : 거대한   recreation center : 휴양 센터   amusement facility : 오락 시설   condominium : 콘도, 분양 아파트   slope : 비탈, 경사   host : 주최하다, 주인 노릇을 하다   boast : 뽐내다, 자랑하다   when it comes to : ~로 말하자면   tend to V : ~하기 쉽다   extremely : 극단적으로, 극히   tourism resources : 관광 자원   packed with : ~로 가득 채워진   leisure : 레저, 여가   recreational facility : 휴양 시설   vicinity : 근처, 부근   historical site : 사적지   luxury : 사치   explore : 탐험하다, 답사하다

DIALOGUE

Harry Miyeong, when do ski resorts open across Korea?

Miyeong In the northern region, around the end of November, and in the southern region, around early December.

Harry Is there any place near Seoul where I can go skiing?

Miyeong Most winter sports sites are located in *Gangwon* Province, which gets heavy snow in winter. But still, there are a couple of places in suburban Seoul where you can go skiing and snowboarding, such as *Gangchon* Skipia and Bears Town. For your information, *Gangwon-do* is not that far from here, so if your schedule allows, you might want to explore the wonderful slopes there.

Harry What kind of ski resorts are there in *Gangwon-do*?

NOTES

traditional heritage : 전통 유산 modern entertainment : 현대식 오락 at the same time : 동시에

Miyeong   Well, there's *Yongpyeong* Resort, which is Korea's first ski resort. You may also want to check out *Daemyeong* Vivaldi Park and *Bogwang* Phoenix Park. Why? You feel like skiing?

Harry   Yeah. I used to go skiing twice a year back in the States.

around : 대략, 주위에 for your information : 참고로 check out : 충분히 점검하다, 계산을 하고 나오다

표 현 연 구

once the winter ~

이 문장에서 once는 접속사다. 접속사 없이 한 문장에서 주어, 동사가 두 개 나올 수는 없다. the winter와 sets in, white snow와 convers라는 두 개의 주어, 동사가 있기 때문에 이 둘을 연결할 접속사가 필요하다. once는 '한때, 일찍이'라는 부사로 흔히들 알고 있지만, '일단 ~하면'이라는 접속사의 뜻도 있다는 걸 알아두자.

Yongpyeong Resort ~ there on average

the first ~ in Korea는 Yongpyeong Resort와 동격이다.

does not need to spray는 does not have to spray와 같은 뜻이다. have to는 must와 같은 뜻이지만 not have to는 must not과 같은 뜻이 아니라 not need to와 같은 뜻이다. need와 관련해 알아두어야 할 것은 did not need to V는 '~할 필요가 없어서 하지 않았다'는 뜻이고 need not have p.p.는 '~할 필요가 없는데 했다'는 뜻을 내포한다.

그리고 need는 원래 일반동사지만 조동사로도 쓰일 수 있다. 조동사로 쓰이는 경우는 의문문이나 부정문에서 다른 조동사가 쓰이지 않을 때 조동사로 쓰인다. 하지만 구어에서는 긍정문에서도 조동사 취급을 하는 경우도 있다.

ex) He need not go there. 그는 거기에 갈 필요가 없다.

　　Need he attend the meeting? 그는 회의에 참석하지 않아도 되니?

Located further down ~ Winter Olympics

Located further down south는 Muju Resort를 수식하는 분사구문이다.

such an ... that ~은 '매우 … 해서 ~하다'는 뜻의 구문이다. such 대신 so를 쓸 수도 있는데 이때 부정관사의 위치에 주의해야 한다. so ideal a place의 어순으로 부정관사를 형용사 ideal 뒤에 위치시켜야 한다.

264

With extremely rich ~ sport activities

With extremely rich natural tourism resources는 '매우 풍부한 천연 관광 자원을 가진'이라는 뜻으로 Korea를 수식하는 역할을 한다. however는 혼동하기 쉬운데 접속사가 아니라 접속부사다. 따라서 두 개의 절을 연결하는 기능을 할 수 없다. 접속사로 쓰이는 경우도 있지만 그 때는 형용사나 부사가 이어진다. 그 밖에 therefore, otherwise, nevertheless, nonetheless 등도 접속사로 착각하기 쉬운 접속부사다.

go + -ing

'~하러 가다'라는 뜻으로 쓰이는 대표적인 구문이다. go shopping(쇼핑하러 가다), go fishing(낚시하러 가다), go swimming(수영하러 가다) 등과 같이 쓰인다.

feel like -ing

feel like -ing는 '~하고 싶다'는 뜻의 숙어다. 같은 뜻으로 feel inclined to V가 있는데 feel like 뒤에는 동명사가 쓰이지만, feel inclined to 뒤에는 동사원형이 쓰인다는 데 주의하자.

한국은 국토의 70%가 산지로 이루어져 있다. 사계절이 뚜렷해 더운 여름엔 섭씨 30도를 오르내리다가도, 겨울이면 하얀 눈이 전국을 뒤덮어 12월부터 이듬해 2월까지는 스키어들과 스노보더들의 천국이 된다.

현재 한국에는 13개의 대규모 스키장이 있는데 대부분은 서울 북쪽의 강원도 지방에 위치해 있다. 한국 최초의 스키 리조트인 용평리조트는 평균적으로 3m 이상 눈이 내리기 때문에 인공강설을 할 필요가 없다. 서울에서 2시간 거리에 있는 대명 비발디파크, 보광 휘닉스파크는 스키장과 스노보드장뿐 아니라 놀이시설과 콘도미니엄을 갖춘 대규모 휴양지다. 그보다 훨씬 남쪽에 위치한 무주리조트는 1997년 동계 유니버시아드를 유치했을 만큼 겨울 스포츠에 최적의 장소인데, 특히 길이 6.2km에 달하는 한국에서 가장 긴 스키 슬로프를 자랑한다.

한국의 관광지를 떠올릴 때 흔히 역사 유적지만을 생각하기 쉽다. 하지만 한국은 천연 관광 자원이 매우 풍부해서 각종 레저 스포츠를 즐길 만한 장소가 곳곳에 자리잡고 있다. 그래서 관광객들은 문화 유적과 현대적인 오락시설을 동시에 마음껏 즐길 수 있다.

해리　미영, 한국에서는 언제 스키장이 개장하지?

미영　북쪽지방은 11월 말경에 개장하고, 남쪽은 12초에 개장해.

해리　서울 근교에도 스키를 탈 수 있는 곳이 있어?

미영　스키장은 대부분이 눈이 많이 오는 강원도 지방에 있는데 서울 근교에도 강촌스키피아나 베어스타운 등이 있어서 스키나 스노우보드를 즐길 수 있지. 참고로 강원도도 그렇게 멀지는 않으니, 시간만 허락하면 강원도의 스키 슬로프를 경험해보는 것도 좋을 거야.

해리　강원도에는 어떤 스키장이 있지?

미영　우리나라 최초의 스키장인 용평리조트가 있고, 그 밖에도 대명 비발디파크, 보광 휘닉스파크 등도 가볼 만하지. 왜 스키장에 가고싶어.

해리　응, 미국에 있을 때는 해마다 두어 번씩은 갔었거든.

Korea's Las Vegas

Casinos are an entertainment designed for adults. They are often disapproved because of the addictive nature of gambling, but if moderately controlled, they open up a new world of thrills and excitement that no other entertainment can offer. The everlasting popularity of casinos proves it.

One of the premier places for casinos across Asia is Macao (Chinese territory). In recent years, as casinos draw world-wide attention as a high-profit industry, many other Asian countries such as the Philippines and Malaysia have established modern casino complexes. To the contrary, however, in some countries like Japan and China, casinos are still banned.

What about Korea? Korea has 14 casinos in total, probably more than anybody would have expected due to the low publicity. While 13 of them are open to foreigners only, just one

NOTES

casino : 도박장, 카지노 designed for : ~를 위해 고안된 disapprove : 찬성하지 않다, 승인하지 않다 addictive nature : 중독성 gambling : 도박, 노름 moderately : 적당히, 알맞게 control : 통제하다, 제어하다 thrill : 스릴, 전율 everlasting popularity : 지속적인 인기 prove : 입증하다, 증명하다 premier : 최고의, 으뜸의 in recent years : 최근 몇 년 사이 draw attention : 주목을 끌다 high-profit industry : 고수익 산업 establish : 설립하다, 개설하다 complex : 단지, 집합체 to the contrary : 그와 반대로

is open to natives. The Korean government has legalized foreigners-only casinos in order to strategically promote the tourism industry.

If you are looking for a place with attractive games and a solid reputation, WalkerHill Casino always comes to mind first because of its geographical advantage and world-class facilities. Outside Seoul, there are hotel casinos also in *Incheon*, *Gyeongju* and *Busan*, and the other eight casinos are all concentrated in *Jeju* Island.

The only casino where local Koreans are allowed is *Gangwon* Land, located in *Jeongseon*, *Gangwon-do*. With more than 5,000 visitors a day, *Gangwon* Land is estimated to earn 500 billion won on an annual basis.

ban : 금지하다 in total : 도합, 총 probably : 아마 expect : 기대하다, 예상하다 publicity : 명성, 대중성 open to : ~에게 개방된 native : 토박이, 원주민 legalize : 합법화하다 foreigners-only : 외국인 전용의 strategically : 전략적으로 attractive : 매력적인, 사람을 끄는 solid reputation : 탄탄한 평판 come to mind : 생각이 떠오르다 geographical advantage : 지리적인 이점 world-class facility : 세계적 수준의 시설 concentrated in : ~에 집중된 estimate : 어림잡다, 추정하다 on an annual basis : 연간

DIALOGUE

Harry	Miyeong, are there any casinos in Korea?
Miyeong	Yes, but why?
Harry	Just curious.
Miyeong	WalkerHill Hotel has a casino, but it's foreigners-only. So local Koreans are not allowed in there. Outside Seoul, there are also casinos in *Incheon*, *Gyeongju*, *Busan* and *Jejudo*, but they are only for foreigners, too. There are strict regulations against gambling in Asia and in China and Japan, it's banned.
Harry	You mean natives are not allowed in casinos at all?
Miyeong	Well, not really. There's a place called *Gangwon*

NOTES

curious : 호기심이 이는, 알고 싶은   strict regulation : 엄격한 규제   against : ~에 반대하여   at all : 전혀, 조금도 ~가 아닌

Land in *Jeongseon*, *Gangwon-do*, where natives are allowed. *Jeongseon* was once a coal mining village, but when the mining industry started to decline and mines were abandoned, the locals shifted their attention to tourism and casinos.

Harry   Why don't we go there, just for a change?

Miyeong   Are you serious?

coal mining village : 탄광촌 decline : 쇠퇴하다, 하락하다 abandon : 버리다, 단념하다 locals : 지역 주민 shift one's attention to : 관심을 ~로 돌리다 for a change : 기분 전환으로, 변화를 위하여 serious : 진지한, 심각한

표 현 연 구

if moderately controlled, ~ entertainment can offer

if moderately controlled는 주어와 be동사가 생략된 분사구문이다. 원래는 if it(= gambling) is moderately controlled이다.

In recent years, ~ modern casino complexes

이 문장에서 as ~ as ...를 동등 비교 구문으로 착각하지 않기를 바란다. 앞의 as는 '~ 때문에'라는 이유 접속사고, 뒤의 as는 자격을 나타내는 전치사다. 해석하면 '고수익 산업으로 전 세계적인 주목을 끌고 있기 때문에'라는 뜻이다.

뒤에 나오는 such as ~는 Asian countries의 예를 구체적으로 드는 구문이다. 이 구문은 such many other Asian countries as the Philippines and Malaysia와 같이 바꿀 수 있다.

원래 국가명은 고유 명사이기 때문에 관사를 붙일 수 없다. 그런데 Philippines에는 관사가 붙어 있다. 이처럼 복수형으로 된 국가명에는 정관사를 붙이는 경우가 있다. the United States도 마찬가지다. 그리고 Philippines나 United States와 같이 국가명임에도 불구하고 복수형인 이유는 하나로 이루어진 국가가 아니라 Philippines의 경우 여러 개의 섬(필리핀 군도)으로 이루어져 있고, United States의 경우 여러 개의 State가 모여서 이루어진 국가이기 때문이다.

If you are looking ~ world-class facilities

이 문장에서 If절은 가정을 하기 위한 절이 아니라 단순히 어떤 조건을 나타내는 절이지만, if가 나온 김에 가정법에 대해 알아보자. 가정법에는 현재와 미래, 과거, 과거완료형이 있다. 그럼 각각의 형태를 알아보자.

-현재 : If + 주어 + 동사의 현재(혹은 동사원형), 주어 + 조동사 현재 +
  동사원형

-미래 : If + 주어 + should + 동사원형 ~, 주어 + 조동사 현재 + 동사
  원형 ~

272

-과거 : If + 주어 + 동사의 과거 ~, 주어 + 조동사 과거 + 동사원형 ~
-과거분사 : If + 주어 + had + 과거분사 ~, 주어 + 조동사 과거 + have + 과거분사 ~
-혼합가정 : If + 주어 + had + 과거분사 ~, 주어 + 조동사 과거 + 동사원형 ~

이상이 가정법의 기본 문형이다. 그런데 여기서 If가 생략될 경우 주어와 동사가 도치된다는 것도 알아두자. 가정법 현재와 미래는 미래의 일을 가정하고, 과거는 현재의 일, 과거완료는 과거의 일을 가정한다. 혼합가정은 과거의 일을 가정하지만 그 결과는 현재에 나타날 때 쓴다. 주로 주절에 now와 같은 현재를 나타내는 시간명사가 나오는 게 일반적이다.

그리고 가정법 과거에서 if절에 be동사가 쓰이는 경우 주어의 수에 관계없이 were를 쓴다. 그리고 If절에 〈were to + 동사원형〉을 쓰는 가정법은 실현 가능성이 거의 없는 사실을 가정할 때 쓴다.

ex) If I had not miss the flight, I would arrive in Seoul now.
　　→ Hadn't I miss the flight, I would ~.
　　내가 비행기를 놓치기 않았다면 지금 서울에 도착했을 텐데.

　　If I had been brave enough, I would have run after the burglar. (run은 과거분사)
　　→ Had I been brave enough, I would ~.
　　내가 충분히 용기만 있었다면 그 강도를 뒤쫓았을 텐데.

　　If I were to be a bird, I would fly over the horizon.
　　→ Were I to be a bird, I would fly over the horizon.
　　내가 새라면 지평선 너머로 날아갈 텐데.

　　If you should not be satisfied with our product, we will give you a full refund.
　　→ Should you not be satisfied with our product, we will ~.
　　우리 제품에 만족하지 않으시면 환불해드립니다.

카지노는 어른들의 오락이다. 중독성 때문에 도박산업으로 눈총을 받기도 하지만, 적당히 절제만 하면 어떤 게임에서도 맛볼 수 없는 스릴과 짜릿함을 맛볼 수 있어 인기가 식을 줄 모른다.

아시아에서 전통적으로 카지노가 유명한 곳은 중국령 마카오다. 최근에는 카지노가 고수익 산업으로 전세계적으로 이목을 끌자 필리핀, 말레이시아 등지에도 카지노 단지가 들어서고 있다. 반면 일본이나 중국 같은 나라에서는 카지노가 여전히 금지되어 있다.

한국은 어떨까? 한국에는 모두 14개의 카지노가 있는데, 잘 알려지지 않았기 때문에 예상 밖의 숫자일 것이다. 그 중 13개는 외국인에게만 개방되어 있고, 한국인에게 개방된 카지노는 1개뿐이다. 한국 정부는 관광산업 육성을 위해 전략적으로 외국인 전용 카지노를 허가해준 것이다.

유쾌하게 게임을 즐길 수 있고 평판이 좋은 곳을 찾는다면 워커힐 카지노가 가장 먼저 떠오를 것이다. 워커힐 카지노는 지역적으로 유리하고 시설도 뛰어나기 때문이다. 서울 밖에는 인천과 경주, 부산에 호텔 카지노가 있고, 나머지 8개는 모두 제주도에 집중되어 있다.

한국인들이 출입할 수 있는 유일한 카지노인 강원랜드는 강원도 정선에 있다. 하루 5,000명 이상이 게임을 즐기러 오고, 연간 5,000억 원 이상의 매출을 올리고 있다.

해리　미영, 한국에도 카지노가 있어?

미영　있긴 하지만 카지노는 왜?

해리　그냥 궁금해서.

미영　워커힐호텔에 카지노가 있긴 하지만 거기는 외국인 전용이라 내
　　　국인은 갈 수가 없지. 서울 밖에는 인천, 경주, 부산, 제주에 카
　　　지노가 있는데 거기도 모두 외국인 전용이야. 아시아에서는 도
　　　박에 대한 규제가 엄격하고, 일본과 중국은 카지노가 금지되어
　　　있어.

해리　그럼 내국인은 전혀 카지노를 할 수 없는 거야?

미영　그렇진 않아. 강원도 정선에 강원랜드라는 곳이 있는데 그곳에
　　　서는 내국인들도 카지노를 할 수 있지. 그곳은 탄광촌이었는데
　　　탄광이 폐광되자 주민들이 관광과 카지노 산업으로 눈을 돌리게
　　　된 거야.

해리　우리 머리도 식힐 겸 그곳에나 다녀올까?

미영　뭐? 카지노엘 가자고?

5 · 18 National Cemetery, the Sacred Ground of Democratic Movements

Korea has several sacred places of democratic movements, most of which are national cemeteries where innocent civilians killed in battles with military and police forces during protests against dictatorship are laid to rest.

On April 19, 1960, a crowd of angry citizens and young students staged a huge demonstration to protest the then President who had rigged an election to illegally extend his presidency. Casualties ensued in the wake of the protest and the 224 victims are buried in the 4 · 19 National Cemetery located in *Suyu-dong*, Seoul.

In May 1980, there was a fierce civil uprising in *Gwangju* against the military coup, *Jeollanam-do*, and as a result, hundreds of fatalities (some argue thousands) occurred. About 150 of the victims are buried in the 5 · 18 National Cemetery in

national cemetery : 국립 묘지   sacred ground : 성지(聖地)   democratic movement : 민주주의 운동   innocent civilian : 죄 없는 시민   battle : 전투, 교전   military forces : 군 병력   police forces : 경찰 병력   protest : 항의, 이의 제기; 항의하다   dictatorship : 독재 정권   be laid to rest : 매장되다   crowd : 군중   angry citizens : 성난 시민들   stage : 기획하다, 조직하다   demonstration : 시위, 데모   rig an election : 선거에서 부정 행위를 하다   illegally : 불법적으로   extend : 뻗다, 연장하다

Mangwol-dong, Gwangju. Many lives lost during other democratic rallies are also laid to rest there, which makes the cemetery a sacred place for Korea's democratic activism.

Today, many people visit the cemetery to pay their respects because they are well aware that the democracy they are enjoying now would not have been possible without the sacrifice of the people buried there.

presidency : 대통령직　casualties : 사상자　ensue : 뒤이어 일어나다　in the wake of : ~의 결과로　victim : 희생자　bury : 묻다, 매장하다　fierce civil uprising : 격렬한 시민 폭동　military coup : 군사 쿠데타　as a result : 그 결과로　fatalities : 사망자수　occur : 일어나다, 생기다　rally : 집회, 시위 운동　activism : 행동주의　pay one's respect to : ~에 경의를 표하다　be aware that : ~를 알고 있다　democracy : 민주주의 possible : 가능한, 있음직한　sacrifice : 희생, 제물

DIALOGUE

Alley Jinwoo, what's that building? What are those people doing there?

Jinwoo That's *Gwangju* City Hall. They're celebrating the 5·18 Democratic Movement Memorial Day.

Alley And what's that? It looks like a cemetery.

Jinwoo It's the 5·18 National Cemetery. About 25 years ago, thousands of citizens took to the street to protest against the dictatorship. The victims are buried there.

Alley Then did the protests take place only in *Gwangju*?

Jinwoo Not really. There were nationwide rallies, so the military regime put the whole country under the

---

celebrate : 축하하다, 찬양하다 memorial day : 기념일 take to the street : 거리로 나오다 take place in : ~에서 일어나다 nationwide : 전국적인 military regime : 군사정권

278

martial law. They picked *Gwangju* as a scapegoat and sent military forces to make a brutal crackdown. The more severe the repression got, the stronger the resistance and consequently the more victims. Local residents resisted to the end in complete isolation.

Alley   I'm overwhelmed to hear that.

Korea has several ~ are laid to rest

좀 긴 문장이다. 길긴 하지만 구조가 그렇게 복잡한 문장은 아니다. most of which는 관계대명사절로 and most of democratic movements의 뜻이다. where 이하는 national cemeteries를 수식하는 관계부사절이고, 관계부사절의 주어는 innocent civilians다. 그 뒤에 in battles부터 dictatorship까지는 주어를 수식하는 구고, 동사는 are laid다. 해석하자면 '독재 정권에 항의하면서 벌어진 군과 경찰 병력과의 교전 중에 죽은 무고한 시민들'이라는 뜻이다.

Many lives lost ~ democratic activism

Many 뒤에 lives는 동사가 아니라 '삶, 목숨'이라는 뜻의 명사 life의 복수형이다. 동사는 뒤에 나오는 are also laid이고, lost during other democratic rallies는 lives를 수식하는 과거분사구다. 해석하면 '다른 민주주의 운동에서 잃어버린 수많은 목숨들'이라는 뜻이다.

which 이하는 관계대명사절인데 언뜻 보면 선행사가 없는 것처럼 보인다. 바로 앞의 there는 장소를 나타내는 부사고, 선행사 역할을 할 명사가 보이지 않는데 이 문장에서 which는 앞의 문장 전체를 받는 관계대명사다. 문장이나 구는 아무리 길어도 단수 취급을 하므로 동사를 단수 동사(makes)로 받았다. a sacred place는 목적보어로, which절은 5형식 문장을 이루고 있다.

Today, many people ~ people buried there

many는 이 문장에서처럼 형용사로도 쓰이지만 대명사로도 쓰인다. 즉, 뒤에 명사(people)가 없이도 쓰일 수 있다는 뜻이다. all, any, each, some 등도 마찬가지인데 every만은 형용사로만 쓰이고 대명사로는 쓰일 수 없다. 따라서 every 뒤에는 반드시 명사가 있어야 한다.

be aware that 뒤에는 주어와 동사를 갖춘 절이 오지만 be aware of 뒤에는 명사나 동명사가 온다. be afraid of/that, be sure of/that 등도

마찬가지다. 전치사 뒤에는 절이나 to부정사가 올 수 없다는 것만 기억하면 쉽게 이해할 수 있는 구문이다.

the democracy가 that절의 주어고 they are enjoying now는 목적격 관계대명사 which가 생략된 관계대명사절이다. buried there도 which are가 생략된 관계대명사 구문으로 the people을 수식하고 있다.

The more severe ~ the more victims

원래 비교급에는 정관사가 붙지 않는다. 하지만 몇 가지 경우에 예외적으로 정관사가 붙는 경우가 있다. 이 문장의 〈the 비교급 ~, the 비교급 ~〉 구문은 '~하면 할수록 점점 더 ~하다'라는 뜻으로 쓰이는 관용구문이다. 그 밖에 of the two와 같은 구문에 의해 명확하게 정해진 둘을 비교할 때도 비교급 앞에 the가 붙는다.

그리고 2음절 이하의 형용사/부사를 비교급으로 만들 때는 끝에 -er을 붙이는데, 동일한 사람이나 사물의 성질, 상태를 비교할 때는 2음절 이하라도 more를 붙인다.

내친 김에 비교급을 수식하는 부사에 대해서도 알아보자. 비교급을 수식하는 부사로는 much, still, far, even 등이 있고, very는 비교급을 수식할 수 없다는 걸 알아두자. 그리고 by far, still, far 등은 최상급을 수식한다.

한국에는 민주화 운동의 성지들이 있다. 그곳에는 독재정권에 저항하다 군인과 경찰의 총에 맞아 숨진 무고한 사람들이 잠들어 있다.

1960년 4월 19일, 성난 시민들과 학생들이 당시 대통령이 불법적으로 자신의 임기를 연장하기 위해 부정 선거를 치른 것에 항의하며 대규모 시위를 벌였다. 시위 과정에서 사상자가 발생했고, 224명의 희생자가 서울 수유동에 있는 4·19 국립묘지에 묻혔다.

1980년 5월 전라남도 광주에서는 군사 쿠데타에 대항해 치열한 저항운동이 벌어져, 그 결과 수백 명(일부에서는 수천 명이라고도 한다)의 희생자가 발생했다. 이들 중 150여 명의 희생자가 광주 망월동의 5·18 국립묘역에 묻혀 있다. 현재는 또 다른 민주화 운동의 희생자들도 이 묘역에 안치되고 있다. 이렇게 해서 광주 망월동의 5·18 국립묘역은 한국 민주화 운동의 성지가 되고 있다.

현재는 많은 사람들이 그곳을 방문해 경의를 표한다. 오늘날 한국인이 누리고 있는 민주주의는 거기에 묻힌 사람들의 희생이 없었으면 불가능했다는 것을 잘 알고 있기 때문이다.

앤리 진우, 저 건물은 뭐야? 사람들이 저기서 뭐 하고 있지?

진우 저기는 광주시청 앞이야. 오늘이 5·18 민주화운동 기념일이거든.

앤리 지금 저건 뭐야? 공동묘지 같은데.

진우 5·18 국립묘역이야. 지금으로부터 25년 전에 수천 명의 시민들이 독재정권에 반대해 대규모 시위를 벌였는데 그때 희생된 사람들이 묻힌 곳이지.

앤리 그럼 시위는 광주에서만 있었던 거야?

진우 그렇지는 않아. 전국 각지에서 시위가 일어났는데, 당시의 군사정권이 전국에 계엄령을 선포했지. 그들은 광주를 희생양으로 선택하고 군대를 파견해 무자비한 진압을 감행했지. 진압이 거세지자 주민들의 반발도 더 격렬해졌고, 그 결과 더 많은 희생자가 생겼지. 광주시민들은 완전히 고립된 채 독재정권에 처절하게 저항했지.

앤리 그 말을 들으니 나도 숙연해지는데.

A Few Things To Know Before Visiting Korea

All foreign tourists want to make friends with the locals they can communicate with. If lucky, they may be able to get some help from a friend who is familiar with the host country, but otherwise, they just have to try to make friends with the locals on their own.

In Korea where a highly advanced Internet system is available, you can befriend local Koreans through the Internet before your visit. One of the most frequented on-line sites is tour2korea(www.tour2korea.com), which is run by the Korean government to support the tourism industry. It has an online community called T2K Zone, which has more than 200,000 foreign members.

It also provides informative contents, including personal travel experiences, Q&A on travel to Korea, and various other

NOTES

foreign tourist : 외국 관광객   make friends with : ~와 친구가 되다, ~와 친해지다
locals : 지역 주민 communicate : 의사 소통하다 If lucky : 운이 좋으면 familiar with
: ~와 친숙한 otherwise : 그렇지 않으면 highly advanced : 고도로 발달한 available
: 이용할 수 있는 befriend : ~의 친구가 되다 frequent : 자주 가다 run : 운영하다
government : 정부   support : 지지하다, 지원하다 tourism industry : 관광 산업
community : 공동체   provide : 제공하다, 주다 informative contents : 유익한 내용

communities where both locals and foreign visitors can get together: to name some, "Korean Entertainment Lovers," "Meet Friends in Korea," "Korean Culture Enthusiasts" and "Travelers of Korea." At "Meet Friends in Korea," in particular, you can put up your own stories and make friends by reading their brief self-introductions.

personal travel experience : 개인의 여행 경험 various : 다양한 get together : 한데 모이다 name : 명명하다, 이름을 붙이다 enthusiast : 열광자, ~광 traveler : 여행자 put up : 올리다, 게시하다 self-introduction : 자기 소개

DIALOGUE

Harry Miyeong, do you happen to know a website where I can learn more about Korea and make some Korean friends?

Miyeong Why?

Harry A friend of mine in the States is planning to visit Korea soon and he wants to know more about Korea and the Korean people.

Miyeong Why don't you do help him yourself?

Harry I'd rather like to do it on his own than to help him .

Miyeong Well, then there's this very useful site called tour2korea. It's kind of a tourist promotion website supported by the government. It offers a lot of

---

NOTES

happen to V : 혹시 ~하다, 우연히 ~하다   on one's own : 스스로, 혼자 힘으로
useful : 유용한 promotion : 촉진, 장려 offer : 제공하다, 제안하다

information on Korean culture, food, and travel. On top of that, you can make friends with both local residents and foreigners, even from your own country, at the on-line community called "Meet Friends in Korea."

Harry   Can I have the address?

Miyeong   It's www.tour2korea.com.

All foreign tourists ~ communicate with

they can ~은 관계대명사절이다. 앞에 목적격 관계대명사 whom이 생략된 것이다. 목적격 관계대명사 whom은 그냥 who로 쓰이는 경우가 많다. 한 가지 주의할 점은 이 문장에서 관계대명사 whom은 전치사 with의 목적어인데, 이런 경우 전치사가 관계대명사 앞으로 이동하는 경우가 있다. 이때는 관계대명사를 생략할 수 없고 who로 쓸 수도 없다.

ex) All foreign tourists want to make friends with the locals with whom they can communicate.

외국을 방문하는 관광객이라면 누구나 말이 통하는 현지 친구를 사귀고 싶을 것이다.

One of the most ~ the tourism industry

frequent는 '빈번한'이라는 뜻의 형용사로도 쓰이지만, '자주 가다'라는 동사로도 쓰인다. 여기서는 동사의 과거분사로서 형용사처럼 on-line sites를 수식하고 있다. 주어는 on-line sites가 아니라 one이기 때문에 단수 동사(is)가 쓰였다.

which is 다음의 run은 과거분사다. run은 기본형과 과거분사형이 동일하고, 과거형은 ran이다.

to support the tourism industry는 to부정사의 부사적 용법으로 '관광산업을 지원하기 위해'라는 뜻을 지니고 있다. which절을 Paraphrase하면 the Korean government runs tour2korea to support the tourism industry가 된다.

It also provides ~ can get together

provide는 4형식 동사(수여동사)로 착각하기 쉬운 3형식 동사다. 'A에게 B를 제공하다'라고 할 때 provide A B와 같이 쓰지 않고 provide A with B나 provide B for A를 쓴다. 이러한 동사로는 supply, present, furnish, equip, endow 등이 있다.

including 이하는 〈관계대명사 + be동사〉가 생략된 분사로서 informative contents를 수식하는 역할을 한다.

명사 visit, travel은 다른 명사와 연결될 때 전치사 to와 함께 쓰인다는 데 주의하자. 단, 동사로 쓰일 때는 타동사이기 때문에 전치사 없이 바로 명사를 취한다.

where 이하는 communities를 수식하는 관계부사 구문이다.

A friend of mine ~ the Korean people

A friend of mine은 이중 소유격이다. mine은 my friends를 나타내는 소유 대명사다. 즉, '여러 명의 친구 중의 한 친구'라는 뜻이다. one of my friends로 쓰기도 한다.

be planning to V는 '~할 계획이다'라는 뜻으로 be going to V와 함께 가까운 미래의 일을 얘기할 때 자주 쓰는 표현이고, he는 A friend of mine을 받는 대명사다.

I'd rather like ~ on his own

would rather는 '차라리 ~하는 게 낫다'라는 뜻이다. 뒤에 than이 붙어 '~하기보다는 차라리 ~하는 게 낫다'라는 뜻이 되는데, would rather 뒤에는 동사원형이 쓰이지만 rather 뒤에 like가 붙어 to부정사가 쓰이기도 한다. 이때 rather 뒤와 than 뒤에는 같은 품사가 와야 한다. 즉, 앞에 to부정사가 오면 뒤에도 to부정사가 와야 하고, 동사원형이 오면 뒤에도 동사원형이 와야 한다.

외국을 방문하는 관광객이라면 의사소통을 할 수 있는 현지 친구를 사귀고 싶을 것이다. 운이 좋으면 그 나라에 대해 잘 아는 친구로부터 도움을 받을 수 있겠지만, 그렇지 않은 경우 직접 현지인 친구를 사귀려고 시도해야 할 것이다.

한국은 인터넷이 발달해 있기 때문에 인터넷을 활용하면 한국을 방문하기 전에 미리 친구를 사귈 수 있다. 사람들이 자주 방문하는 사이트로는 tour2korea(www.tour2korea.com)가 있는데 이 사이트는 관광산업을 지원하기 위해 한국 정부가 운영하는 사이트다. 이 사이트는 20만 명이 넘는 외국인 회원을 보유한 온라인 커뮤니티로 T2K ZONE이라고 불린다.

이 사이트에서는 개인의 여행 체험기, 한국 여행에 관한 Q&A, 한국인과 외국 관광객이 함께 어울릴 수 있는 다양한 커뮤니티 등의 유용한 컨텐츠를 제공하고 있다. 운영되는 커뮤니티로는 '한국문화를 사랑하는 사람들'(Korean Entertainment Lovers) '한국인 친구 만들기'(Meet Friends in Korea), '한국 문화의 팬들'(Korean Culture Enthusiasts), '한국 여행자들'(Travelers of Korea) 등이 있다. 특히 '한국인 친구 만들기'에서는 자신이 직접 글을 올리거나, 한국인이 올린 글을 보고 친구를 사귈 수 있다.

해리 미영, 어디 한국인 친구도 사귀고 한국에 대해 잘 알 수 있는 사이트가 없을까?

미영 그건 왜?

해리 미국에 있는 내 친구가 한국에 한번 오고 싶어하는데, 그 전에 한국과 한국 사람에 대해 알고 싶어해.

미영 네가 도와주면 되잖아.

해리 그보다는 직접 알아보게 해줬으면 해서.

미영 그러면 tour2korea라는 아주 유익한 사이트가 있지. 정부가 관광산업을 지원하기 위해 운영하는 사이트인데, 한국의 문화, 관광, 음식 등의 정보는 물론 Meet Friends in Korea라는 커뮤니티에서는 한국인 친구뿐 아니라 다른 외국 친구나 자기 나라 친구도 사귈 수 있어.

해리 주소가 어떻게 되는데?

미영 www.tour2korea.com이야.

Panmunjeom, Symbol of a Divided Country

The official name for *Panmunjeom* is the Joint Security Area, where the headquarters of the Military Armistice Commission(MAC) is located.

It is the place where the 1953 armistice that ended the three-year Korean War was signed. As a result of truce negotiations, the 155-mile-long Military Demarcation Line was established running through the middle of the Demilitarized Zone, while the MAC and the Neutral Nations Supervisory Commission(NNSC) were established within *Panmunjeom*.

Before the war, *Panmunjeom* village was home to a number of old Korean bars and shops, which had board front doors. During the armistice talks, the village was nicknamed *Panmunjeom* (meaning "shops with board front doors" in Chinese characters) for the convenience of Chinese delegates. That is how *Panmunjeom* got its current name.

Symbol : 상징 divided country : 분단 국가 official : 공식적인 Joint Security Area : 공동경비구역 headquarters : 본부, 본사(s를 붙이지 않으면 동사이므로 주의) Military Armistice Commission : 군사 정전 위원회 armistice : 정전, 휴전 end : 끝내 다, 마치다 sign : 서명하다 truce negotiation : 휴전 협상 Military Demarcation Line : 군사 분계선 establish : 설립하다, 창립하다 run through : 관통하다 Demilitarized Zone : 비무장 지대 neutral nation : 중립국 supervisory commission : 감독위원회

There are now more than 10 buildings in *Panmunjeom* including the MAC's general meeting area, Peace House where the Red Cross and other civilian conferences are held, the administrative headquarters of the U.N. Forces and the North Korean Security Forces, the NNSC quarters and military camps. As the world's last relic of the Cold War, *Panmunjeom* attracts a great deal of public interest across the world.

NOTES

within : ~ 안에, ~ 내에 village : 마을 board : 판자 armistice talks : 휴전 회담
nickname : 별명으로 부르다 Chinese character : 한자(중국 문자) for the
convenience of : ~의 편의를 위해 delegate : 대표, 사절 civilian : 민간인(의)
administrative headquarters : 행정 본부 quarters : 막사, 병영 relic : 잔재, 자취

DIALOGUE

Harry   Miyeong, what's that board house?

Miyeong   Oh, that's *Panmunjeom*.

Harry   *Panmunjeom*? What are those soldiers doing there?

Miyeong   It's like a symbol of the divided peninsula. Literally, *Panmumjeom* means "shops with board front doors." That's where the armistice treaty was signed about five decades ago, and since then a series of inter-Korean talks have been held there.

Harry   That's why the soldiers are standing guard.

Miyeong   Right. And that's the Joint Security Area, on either side of which the two Koreas have their own checkpoints. As a venue for inter-Korean peace

NOTES

literally : 글자 그대로 treaty : 조약, 협정 decade : 10년 a series of : 일런의 inter-Korean talks : 남북 회담 stand guard : 보초를 서다 checkpoint : 검문소 venue : 회합 장소

talks, South Korea has Peace House while North Korea has *Tongil Gak*.

Harry   How far is it from Seoul?

Miyeong   About 50km.

Harry   Is it off limits to civilians?

Miyeong   No, it's not. You can't cross the border and go into the North Korean security area, but you can visit the area on the South Korean side.

NOTES

off limits to : ~에게 출입금지인(↔ on limits to)

판문점의 공식명칭은 JSA(Joint Security Area)다. 이곳에는 휴전선을 관리하는 군사정전위원회가 위치해 있다.

이곳은 1953년 7월에 3년 간 지속된 한국전쟁을 끝내는 휴전협정이 체결된 곳이었다. 협상의 산물로 비무장지대를 가로지르는 155마일의 휴전선이 설치되었고, 판문점에 군사정전위원회와 중립국 감독위원회가 설치되었다.

전쟁 전에 판문점은 문을 판자로 만든 전통 주점과 가게가 들어서 있는 곳이었다. 협상회담 당시 중국측 대표들이 찾기 쉽도록 '판자 문이 달린 가게'라는 뜻의 한자어로 옮긴 것이 '판문점(板門店)'이다.

판문점 지역에는 군사정전위원회 본회의장, 군사회담 이외의 적십자회담 등이 열리는 평화의 집, 유엔군측 행정본부와 북한측 경비대 사무실, 중립국 감독위원회의 숙소와 경비부대 막사 등 10여 채의 건물이 들어서 있다. 판문점은 현재 지구상에서 유일한 냉전시대의 유물로 국제적인 관심을 끌고 있다.

혜리   미영, 저기 판자로 지은 집은 뭐지?

미영   아, 그거. 판문점이야.

혜리   판문점? 저 군인들은 저기서 뭐 하고 있는 거야?

미영   저기는 우리나라 분단의 상징과 같은 곳이야. 원래 '문이 판자로
       된 가게'라는 뜻에서 판문점이라고 해. 원래 휴전협정이 체결된
       곳인데, 그 이후로도 남북 간의 회담이 자주 개최되는 곳이지.

혜리   그래서 군인들이 보초를 서고 있구나.

미영   그래, 맞아. 저곳은 남북한의 공동경비구역(JSA)으로 판문점을
       사이에 두고 양측의 경비초소가 있지. 그리고 판문점 남쪽에는
       〈평화의 집〉, 북쪽에는 〈통일각〉이 세워져 남북대화용 건물로
       이용되고 있어.

혜리   서울에서 얼마나 떨어져 있어?

미영   50km 정도 거리야.

혜리   민간인들은 갈 수 없겠구나?

미영   아니야. 물론 국경을 넘어 북측 경비 구역에는 들어갈 수 없지
       만, 남측 경비 구역은 관람할 수 있어.

Korea's Information Technology: Present and Future

With more than 23 million users, Korea has now emerged as an indisputable Internet superpower. Though a latecomer in joining the wired world, six out of ten Koreans are now enjoying surfing the Internet, which is the world's third highest number only after the United States and Sweden. Korea has the world's highest penetration of high-speed Internet, largely thanks to an enormous user base combined with great infrastructure.

As of late 2003, the number of Korea's mobile phone subscribers reached 33 million, which means three out of four Koreans are using wireless cell phones. If you exclude children as practical consumers, the rate goes up to almost 100%, which is the world's highest mobile phone subscription rate.

When it comes to economic performance in the field of

Information Technology : IT, 정보 기술 user : 사용자 emerge : 떠오르다, 나타나다
indisputable : 논란의 여지가 없는, 명백한 superpower : 강대국 though : ~에도 불
구하고 latecomer : 후발주자 join : 참가하다, 가입하다 wired world : 인터넷 세계
six out of ten : 열 중 여섯 surf : 서핑을 하다, 파도타기를 하다 only after : ~ 바로
뒤 penetration : 세력 확장, 침투 high-speed internet : 고속 인터넷 largely : 주로
thanks to : ~ 덕택에 enormous : 거대한, 막대한 user base : 사용자 기반

information technology, exports are expected to exceed US $70 billion in 2004, which places Korea prominently on the world IT map.

One serious problem, however, is that, as a latecomer to the industry, Korea is lagging behind leading countries in core technology development. When this problem is solved, then Korea will easily join the ranks of advanced information technology nations.

combined with : ~와 결합된 infrastructure : 하부구조, 기반 as of : ~ 현재 mobile phone subscriber : 휴대폰 가입자 reach : 도달하다 wireless : 무선의 cell phone : 휴대전화 exclude : 제외하다, 배제하다 practical consumer : 실질적인 소비자 rate : 비율 go up : 오르다 mobile phone subscription rate : 휴대폰 가입률 When it comes to : ~로 말하자면 economic performance : 경제성과 export : 수출 expect : 기대하다 exceed : 초과하다, 넘다 prominently : 눈에 띄게, 현저하게

Alley   I think Korea's Internet subscription rate is growing at an amazing pace.

Jinwoo   You can say that again. Over 60% of the whole population is using the Internet. It's largely thanks to the powerful infrastructure such as high-speed service networks. Now we can't live without it. Aside from the info search function, Koreans use the Internet to form all sorts of on-line clubs and communities to share hobbies and interests and also to shape socio-political opinions and sometimes take organized action if necessary. In other words, netizens have real power to change society.

Alley   It's not just the Internet. Talk about Korea's mobile phone subscription rate!

lag behind : 뒤떨어지다 core technology : 핵심 기술 solve : 해결하다, 풀다
advanced : 진보한, 고도의

Jinwoo   Right. The number of cell phone users has reached 33 million. If children are excluded, that figure means most adults are using more than one wireless mobile phone. And you wouldn't believe what you can do with the latest mobile services. You can not only send short text messages, but also take photo or video footage, or even watch TV and films. In Korea, the cell phone is now a cultural phenomenon.

Alley   I see.

NOTES

at an amazing pace : 놀랄 만한 속도로 aside from : ~는 제쳐놓고 info search function : 정보 검색 기능 community : 공동체 share : 공유하다, 분배하다 hobby : 취미 socio-political opinion : 사회 · 정치적 의견 take organized action : 조직적인 행동을 취하다 if necessary : 필요하면 in other words : 다른 말로 하면 netizen : 인터넷을 이용하는 사람들, 넷시민 figure : 수치, 모습 short text message : 문자 메시지 video footage : 동영상 cultural phenomenon : 문화적 현상

한국은 이제 사용자 수가 2,300만 명에 이르는 명실상부한 인터넷 강국으로 부상했다. 한국은 후발주자로 인터넷 세계에 합류했지만, 지금은 한국인 10명 중 6명꼴로 인터넷을 즐기고 있으며, 이는 미국과 스웨덴에 이어 세계 3위의 수치다. 더구나 초고속 통신망 보급률은 세계 최고 수준인데, 이는 주로 뛰어난 인프라를 기반으로 한 엄청난 수의 사용자가 존재하기 때문이다.

휴대전화 가입자도 2003년 말 현재 3,300만 명에 달하는데, 4명 중 3명 이상이 휴대전화를 사용하고 있다는 것을 의미한다. 실질적인 소비자로서 어린이를 제외하면 가입 비율은 거의 100퍼센트까지 올라가는데, 이는 세계 최고의 가입률이다.

IT분야에서의 경제 성과로 말하자면 2004년에 수출이 700억 달러를 훌쩍 넘을 것으로 예상되며, 이 덕분에 세계 IT 지도에서 한국이 두각을 나타내는 것이다.

하지만 한 가지 심각한 문제는 정보통신 산업에 뒤늦게 뛰어든 탓에 핵심 기술은 선도 국가들에게 뒤쳐지고 있다는 것이다. 이 문제만 해결된다면 한국은 어렵지 않게 IT 선진국으로 자리매김할 수 있을 것이다.

한국의 인터넷 보급률은 놀랄 만한 속도로 성장하고 있는 것 같아.

맞아. 전국민의 60% 이상이 인터넷을 하고 있지. 초고속 통신망과 같은 강력한 인프라가 구축되어 있는 덕분이지. 이제는 우리 사회에서 인터넷은 없어서는 안 될 부분이 되었지. 자료나 정보 검색은 물론 인터넷을 이용해 다양한 온라인 클럽과 커뮤니티를 만들어 취미나 관심사를 서로 공유하고, 정치·사회 문제에 대한 여론을 조성하는가 하면 필요한 경우 조직적인 활동을 하기도 해. 바꿔 말하면 네티즌이 사회를 변화시키는 진정한 힘을 가지게 된 거지.

인터넷만은 아니지. 한국의 휴대전화의 보급률은 어떻고.

그래. 휴대전화 사용자 수가 3,300만 명에 이를 정도야. 어린 아이들을 빼면 성인 대부분이 휴대폰을 하나 이상씩은 사용하고 있다는 의미지. 최신 휴대전화로 할 수 있는 일들에 대해 얘기하면 믿기 어려울 거야. 문자메시지를 보내는 건 기본이고, 사진이나 동영상을 찍을 수도 있고, 텔레비전이나 영화도 볼 수 있지. 한국 사회에서 휴대폰은 이제 하나의 문화 현상이 되었어.

그렇구나!

Are Koreans Really Blunt?

Koreans are known to be often blunt and reluctant with strangers, but such a trait is not merely limited to the Korean people. For instance, it is likely that a Californian visiting the Eastern states might get embarrassed by the aloofness or even arrogance of the local residents there. Such characteristics are highly distinctive in settled communities, where social conventions and customs are of great importance, while a nomadic society which frequently migrates is more friendly and generous toward outsiders. Those that have been attacked or invaded by their neighbors quite often, in particular, tend to show more suspicion or even hostility toward outsiders. Koreans fall into this category.

Over the past 2,000 years, a great number of wars and battles took place on the Korean peninsula; statistically speaking, the

blunt : 무뚝뚝한, 퉁명스러운 reluctant : 내키지 않는 stranger : 이방인, 낯선 사람 trait : 특성 merely : 단지, 그저 limit : 제한하다, 한계를 두다 for instance : 이를테면 embarrass : 당황하게 하다, 난처하게 하다 aloofness : 무관심 arrogance : 거만, 오만 resident : 거주자 characteristic : 특성, 특색 distinctive : 구별되는, 특유의 settled community : 정착 사회 social convention : 사회적인 약속 custom : 관습 of great importance : 매우 중요한 nomadic society : 유목 사회 frequently : 자주, 종종

figure translates into one every three days. Except for the ancient *Goguryeo* Kingdom, however, Korea has never attacked other countries first. Therefore, it is no wonder that Koreans regarded newcomers to be a nightmare.

According to a recent survey conducted by a university, over 60% of Koreans tend to show unconditional trust toward insiders, whereas only 5% are willing to open up to strangers. Though the world is getting more globalized, Koreans still consider outsiders with fear and suspicion, and this kind of mentality is manifested in bluntness.

NOTES

migrate : 이주하다　friendly : 친절한, 우호적인　generous : 관대한, 아량이 넓은
invade : 침략하다　neighbor : 이웃　suspicion : 혐의, 의심　hostility : 적개심, 적대 행
위　outsider : 아웃사이더, 외부인　fall into : ~이 되다, ~에 빠지다　category : 카테
고리, 종류　battle : 전투, 교전　take place : 발생하다, 일어나다　statistically : 통계적
으로　figure : 숫자, 형상　translate : 번역하다, 해석하다　except for : ~를 제외하고
ancient : 고대의, 옛날의　attack : 공격하다　regard : ~로 간주하다

305

DIALOGUE

Harry Sometimes Koreans seem too blunt and serious. Fortunately, it's getting better, though.

Miyeong I can't deny it. But we may have a reason for it.

Harry Like what?

Miyeong Unlike nomads, settlers are likely to be more suspicious toward outsiders. Nomads have to be more liberal and open-minded because they move around and visit here and there. To the contrary, settlers tend to be conservative and keep strict rules because they have to stay within their own community for a long time. No wonder they're more reluctant to open up to strangers. Moreover, Koreans have lived on the peninsula for five thousand years and experienced

NOTES

newcomer : 새로 온 사람, 신출내기 nightmare : 악몽 survey : 조사하다, 전망하다 conduct : 안내하다, 이끌다 university : 대학 tend to V : ~하는 경향이 있다 unconditional : 무조건적인 trust : 신뢰, 신임 insider : 내부인 open up to : ~에게 열다 globalize : 세계화하다 mentality : 정신력, 심성 manifest : 명백하게 하다, 명시하다 bluntness : 퉁명스러움, 무뚝뚝함

many foreign invasions over the past 2,000 years. So it's not surprising that we tend to get a little defensive with outsiders.

Harry   That makes sense. Then I guess we should be thankful that Koreans are as friendly as they are to foreigners these days.

Miyeong   Uh-huh. The younger generation in particular is friendlier and nicer to foreigners.

---

serious : 심각한, 진지한 nomad : 유목민 settler : 정착민 suspicious : 의심스러운
liberal : 자유로운 open-minded : 편견 없는, 마음이 열린 to the contrary : 반대로
conservative : 보수적인 strict rules : 엄격한 규칙 for a long time : 오랫동안
invasion : 침략 defensive : 방어적인 generation : 세대

한국인들은 낯선 사람들에게 무뚝뚝하게 대하고 달가워하지 않는 걸로 알려져 있지만 이런 현상은 비단 한국 사람들에게만 나타나는 것이 아니다. 예를 들어 캘리포니아 사람이 미국 동부의 주를 방문한다면 그곳 사람들의 '무뚝뚝함'과 '차갑고 오만함'에 당혹스러워지는 경우와 같은 것이다. 이런 특징은 전통과 관습이 중시되는 '정착민 사회'가 갖고 있는 중요한 특성이다. 이에 비해 이동이 잦은 '유목민 사회'는 외부인에 대해 우호적이다. 특히 이웃나라의 공격이나 침략을 많이 받았던 정착민들은 외부인들에게 의심과 적개심을 드러내는 경향이 있다. 한국인이 바로 그런 경우다.

지난 2,000년 동안 한반도에서는 수많은 전쟁이 일어났는데, 따져보면 사흘에 한 번꼴이라고 한다. 반면 고대국가인 고구려를 제외하면 한 번도 다른 나라를 먼저 침략한 일이 없다. 결국 외부인은 늘 한국인에게 끔찍한 악몽의 대상이었던 것이다.

어떤 대학이 실시한 최근 조사에 따르면, 한국인은 내부집단 구성원에게는 60% 이상이 무조건적 신뢰를 표하지만, 외부인에게는 불과 5%만 신뢰를 보인다고 한다. 세상이 점점 세계화되어 가고 있지만 한국인들에게 외부인은 여전히 우려와 경계의 대상이며, 이러한 의식이 무뚝뚝함으로 나타나는 것이다.

다행히 지금은 많이 나아졌지만 한국사람들은 너무 무뚝뚝하고 심각한 것 같아.

그런 면이 있지. 그런데 거기에는 그럴 만한 이유가 있는 것 같아.

어떤 이유?

유목민과는 달리 정착민들은 외지인에 대해 경계심을 가지기 쉽지. 유목민들은 떠돌아다니며 여기저기를 방문하다 보니 자유분방하고 개방적이 되지만, 정착민들은 한곳에서 오랫동안 머물러 있다 보니 더 보수적이고 엄격한 규율을 지키는 경향이 있지. 그러니 외지인들에게 쉽게 마음을 열지 못하는 것도 당연하지. 게다가 우리나라는 반만 년 동안 정착생활을 한 데다 2,000여 년에 걸쳐 수많은 외침을 받았기 때문에 외지인들에게 다소 방어적인 태도를 취하게 되는 거지.

그렇기도 하겠다. 그렇게 보면 지금만큼이라도 외국인에게 친절한 것도 고맙게 여겨야겠네.

그렇다고 할 수 있지. 특히 젊은 세대들은 외국인에게 더 우호적이고 친절하지.

외국인을 당황하게 만드는 재미있는 우리말

Interesting but sometimes bewilderning Korean Expressio

The establishment of the first state on the Korean Peninsula goes back as far as 5,000 years ago to around 2333 B.C. Dangun Wanggum

establishment of the first state on the Korean Peninsula goes back as far as 5,000 years ago to around 2333 B.C. It dominated the region fc

After the fall of Gojoseon followed a period marked by the struggle of three rival kingdoms: Goguryeo, Baekje and Silla. It is referred

northeast of China, once the territory of Gojoseon. At the late 7th century, however, Silla in alliance with Tang China succeeded in con

Goguryeo's terrain to China. Therefore, it was nothing but an incomplete unification.

As Unified Silla fell into decline, two major groups of rebel leaders emerged as self-proclaimed successors of Baekje and Goguryeo ar

nations, which was around the early 10th century. The rule of the Goryeo Dynasty lasted for some 400 years till the 14th century.

After the Goryeo Dynasty came the Joseon Dynasty followed by the 30-year Japanese occupation, and then the establishment of the Rep ory reaching from northeastern part of China to the whole peninsula, and founded Gojoseon which was the first kingdom of Korea. The

till 108 B.C.

ngdoms Period. Of the three, Goguryeo was the largest kingdom, claiming sovereignty over the northern part of the peninsula and the

als and established Unified Silla. Nevertheless, since its unification effort was not completely independent, it had to give up most of the

ate Latter Baekje and Goryeo, respectively. This so-called Latter Three Kingdoms Period ended when Goryeo defeated the other two

.

죽여주다, 끝내주다

영어에서도 A headache is killing me(두통이 나를 죽이고 있어)와 같은 표현이 있는데 이 말은 진짜 '죽여주다'와 '끝내주다'라는 뜻이 아니라 극단적인 상황을 묘사하는 표현이다. 우리말에서도 '죽여주다' '끝내주다'라는 표현은 '더 이상 논란의 여지가 없을 만큼 아주 좋다'는 뜻이다. 즉, 논란의 여지를 '죽일' 정도로 아주 훌륭하다는 뜻을 내포한다.

That kills (or closes) it.

As in the English expression "My headache is killing me," "kill" here does not literally mean slay or destroy. Rather, it describes an extreme situation. This expression in Korean means "It's way cool. Beyond dispute!" The implication is that something is so excellent that it kills any possibility for dispute.

손님 받아라!

손님을 공처럼 던지고 받기라도 하는 걸까? 좀 무시무시한 소리다. 하지만 이 표현은 '환대하다' '손님을 맞다' 정도의 의미이다.

Catch the customer!

A customer is being tossed and received like some kind of ball? That sounds a bit scary, but this expression means "Welcome!" and "Wait on the customer."

식탁 훔쳐라!

식당에 들어가면 주인이 종업원에게 '식탁 훔쳐라'라고 할지도 모른다.

그 사람은 진짜 식당 주인이 아니란 말인가? 이건 범죄 현장 같은 건가? 여기서 '훔치다'는 '닦다' 정도의 뜻이며 따라서 '식탁을 깨끗하게 닦다'라는 뜻이 된다.

Steal the table!

When you enter a restaurant, the owner might ask a waiter to "steal the table." Isn't he the real owner of the restaurant? Is this a crime scene or what? "Steal"(훔치다) here means "wipe" or "wash," so the expression means "Wipe the table clean."

국물이 시원해요!

한 한국인 친구가 국물을 들이키면서 '어, 시원하다'라고 해 직접 먹어보니 시원하기는커녕 입이 델 정도로 뜨거운 것이다. 그렇다고 친구에게 거짓말을 했다고 화를 내지는 말라. 이 표현은 '국이 속이 후련할 정도로 뜨겁고 얼큰하다'는 뜻이니까. 이 말은 뭔가 뜨겁고 얼큰한 것을 먹을 때 속이 풀리고 시원해진다는 뜻을 내포한 것으로, 상쾌하고 후련한 상태를 나타내는 한국식 표현법이다.

This soup is really cool!

A friend says "this soup is really cool!" while drinking a bowl of soup, but when you try it yourself, it turns out the soup is burning hot, not cold at all. Don't get mad at your friend for lying because this expression means "This soup is so refreshingly hot and spicy." The implication is that when you have something hot and spicy, your stomach feels refreshed or "cool," which is a Korean way of describing a state of liveliness or freshness.

애먹었어, 애 태웠어

놀라지 말길… 한국인은 식인종이 아니랍니다. 여기서 '애'는 '창자'라는 의미이며, '육체적, 정신적 수고'를 나타낸다. 그러니까 이 표현은 "아주 고생했다. 창자가 탈 만큼 걱정했다"는 뜻이다.

I ate a baby? I burnt a baby?

Don't be scared. Koreans aren't carnivores. "Baby"(애) here means "intestines," and it symbolizes both physical and mental pain. So this expression means "I went through a lot of trouble. I was so worried that it felt like my intestines were burning up."

내가 한턱 쏠게

이건 또 무슨 무시무시한 소린가? 그런 뜻이 아니다. 여기서 '한턱'이란 '멋지게 대접하는 것'을 뜻하고, '쏘다'라는 말은 '내다, 사다'라는 의미다. 이 표현은 '내가 낼게' '내가 살게' 정도의 뜻으로 쓰이는 속어 표현이다.

I'll shoot a jaw!

Another scary expression? No, it's not. "A jaw"(한턱) here means a nice treat and "shoot"(쏠게) means "pay" or "buy." This is a slang expression that means "Food and drinks are on me" or "It's my treat."

나 손 씻었어

도박을 즐기던 친구에게 아직도 도박하느냐고 물었더니 뜬금없이 손을 씻었단다. 그의 말은 '난 거기서 벗어났어. 이제 내 손은 깨끗해' 정도의 의미다. 즉, 도박으로 더럽혀진 손을 씻어서 이제는 도박과는 관계를 끊었다는 뜻을 함축하고 있다.

I washed my hands.

A friend of yours who used to like gambling says "I washed my hands" when asked whether he still gambles. He means "I'm totally out of it. My hands are clean now." The implication is that he has washed his hands stained with gambling habits and now has nothing to do with gambling.

저녁이나 때릴까?

뭘 때린다고? 영어의 'hit the bottle'(술을 마시다) 'hit the sack'(잠자리에 들다)이라는 표현에서처럼 '때리다'라는 말은 '먹다' '마시다' '뭔가를 시작하다'라는 뜻이다. 따라서 이 표현은 '저녁 먹으러 가자'라는 뜻이다.

Let's go hit dinner.

Hit what? As in English expressions like "hit the bottle" or "hit the sack," the word "hit" here means to eat, drink or initiate something. Thus, this expression means "Let's go grab a bite for dinner."

저걸 잘라버려?

사장이 당신에게 화를 내며 '저걸 잘라버려 말아'라고 한다. 그런데 어디를 어떻게 자른단 말인가? 정신 차리는 게 좋을 것이다. 이 표현은 '해고

하다'라는 뜻의 속어 표현이다. 말하자면 회사를 나무에 비유한다면 직원은 나뭇가지와 같은 것이고 나뭇가지가 병들면 나무 전체를 위해 잘라내야 한다는 뜻을 내포하고 있다. 영어의 '태워버리다'(get fired)라는 표현만큼 살벌하게 들리는 표현이다.

Should I cut him off or what?

Your boss says this when he gets pissed off at you. But how and where is he going to cut you? You'd better stay alert. This is a slang expression meaning "fire or dismiss someone." The implication is that if a company is compared to a tree, its employees are like branches, and when some of those branches are sick, they need to be cut off for the sake of the entire tree. It may sound as cruel as the English expression "get fired."

뚜껑 열리게 하네

한 친구가 나를 노려보며 뚜껑 열리게 한다고 말한다. 화가 난 건 분명한 거 같은데 뚜껑이 화나는 것과 무슨 상관이 있단 말인가? 이 말은 굉장히 화가 난 것을 나타내는 속어 표현이다. 그 뜻은 끓기 시작할 때 냄비 뚜껑이 아래위로 들썩거리는 모습을 나타낸 것이다. 이 표현은 영어의 'blow off steam'(울분을 토하다) 'blow one's top'(노발대발하다)라는 표현과 매우 유사한 표현이다.

I'm about to losing my lid.

A friend of mine says "I'm about to losing my lid" looking daggers at me. He definitely looks mad, but what does a lid has to do with his getting angry? This is a slang expression to describe a person getting all steamed up. The implication is that when a pot starts to boil, the lid moves up and down. This is very close to English expressions like "blow off steam," or "blow one's top."

골 때리네!

누가 뭔가 엉뚱하거나 멍청한 짓을 할 때 이렇게 말한다. 그 뜻은 뭔가 아주 재미있거나 멍청한 짓을 봤을 때 머리를 얻어맞은 것 같은 느낌이 든다는 의미다. 그러니까 이 표현은 '깜짝 놀랄 정도로 기발하다'라는 뜻이다.

You just hit my brain.

You say this after someone does something totally unexpected or really stupid. The implication is that you feel like you got a bump on your head when seeing something very interesting or sometimes very stupid, so this expression means "That was so original (or novel) that it was mind boggling."

표정이 왜 그렇게 떨떠름해?

사장실에서 잔소리를 듣고 나오는 당신을 보고 친구가 이렇게 말할지도 모른다. 그 말은 "무슨 일이야? 왜 그렇게 시무룩해?"라는 뜻이다. 뭔가 쓰거나 입에 맞지 않은 것을 먹었을 때 인상을 찡그린다는 뜻을 담고 있다. 따라서 이 표현은 누군가에게 뭐가 잘못되었는지를 묻는 것이다.

Why are you making such a puckery face?

A friend of yours might say this when he spots you coming out of your boss's office after having a "serious" talk. He means "What's the matter? Why the long face?" The implication is that when you have a bite of something sour or unpalatable, you may spontaneously make a face. So this expression is to ask someone whether something is wrong.

날 물로 보지마!

한국에서 물은 아주 흔하고 특별한 맛이 없기 때문에 경시되는 경향이 있다. 이 표현은 "내가 (물처럼) 그렇게 쉬운 사람이 아니라는 걸 명심해"라는 의미다.

Don't think I'm like water!

Water is so common in Korea, and it doesn't have any particular flavor of its own. Thus, it tends to get belittled. This expression means "You'd better remember I'm not that easy like water. I'm not a pushover."

오늘 물이 좋은데!

나이트 클럽에 들어가면서 친구가 이런 말을 한다. 그가 한 말의 뜻은 "멋진데! 오늘밤 꼬실 만한 예쁜 사람들이 많아"라는 뜻이다. 즉, 어떤 곳의 분위기가 신선하고 활기차서 펄떡거리는 갓 잡은 물고기 같다는 뜻이다.

We've got some fresh fish here tonight.

A friend of yours says this as he comes into the night club. What he means is "Cool! We have a group of cute people here to hang out with tonight." The implication is that the atmosphere at some place is so fresh and vibrant that it's like a just caught fish flapping around.

한물 갔어!

"이제 김부장도 한물 갔어!" 직장 동료가 내 귀에 대고 이렇게 속삭였다. 뭔가 안 좋은 말인 듯하긴 한데 김부장이 어떻다는 얘긴지 도무지 이해할 수 없었다. 여기서 '한물'이란 '과일, 채소 등의 한창 때, 전성기' 등의 의미로 쓰인다. 즉, "그는 퇴물이다. 제철을 지난 과일처럼 전성기가 지났다"라는 의미이다.

He's out of season!

"Mr. Kim is so out of season," whispers one of your colleagues. Something bad must be happening to Mr. Kim, but it doesn't make any sense. "Hanmul" here means "the best season for fruits and vegetables, or the heyday of a person."

입 찢어지겠다

사람들이 막 아기를 얻은 김 대리에게 "입 찢어지겠다"고 놀린다. 애 키우는 게 그 만큼 힘들다는 얘기일까? 아니다. 이 말은 기분이 너무 좋아서 입꼬리가 귀에 닿을 정도로 크게 웃음을 짓는 사람을 묘사한 과장된 표현이다. 즉, "웃는 걸 보니 기분이 아주 좋은가 보네"라는 뜻을 담고 있다.

I'm afraid your lips are going to be torn apart.

People say this to tease Mr. Kim who has just had a newborn baby. Does it mean raising a kid is such a tough job? No. This is an

319

exaggeration to describe a person who is so happy and smily that tips of his or her lips are almost reaching the ears. This expression means "You look like you're in seventh Heaven. I can tell by your smile."

내가 총대 맬게

곧 전쟁이라도 일어나는 건가? 한국은 휴전 중인 나라가 아닌가? 아니다. 그런 뜻이 아니다. 걱정할 필요 없다. 여기서 '총대'는 주도적인 역할이나 책임을 나타낸다. 즉, "내가 주모자가 되어 모든 책임을 지겠다"라는 뜻의 표현이다.

Let me carry the gun.

Is there going to be a war in the near future or what? Korea is a country under a truce treaty, anyway. Right? No, it's not like that. You don't have to worry. "The gun" here represents a leading role or responsibilities, so the expression means, "I'll play a leading role and take all the responsibilities."

물에 빠지면 입만 뜬다

물에 빠지면 입만 뜬다고?
사람들이 입담이 좋은 미스터 정에게 이런 말을 한다. 그 말이 사실인지 알아보기 위해 그 사람을 물 속에 던져 넣을 필요는 없다. 왜냐하면 이 표현은 "그는 대단한 수다쟁이라 끊임없이 말한다"는 뜻이기 때문이다. 누군가 진짜 말이 많을 때 한국사람들은 '입이 가볍다'고 하고, 가볍기 때문에 다른 신체 부분이 가라앉아도 입은 떠 있을 거라는 뜻이다.

If he gets drowned, only his lips are going to float.

People say this about Mr. Jeong, who is such a glib talker. You don't have to throw him into water to see if it's true, 'cause this expression means: "He's such a chatterbox. He never stops talking." When someone is really talkative, Koreans call him "light-lipped," and that is how his lips can stay afloat while other parts of his body get drowned.

다리에 쥐났어!

동료 하나가 사무실 집기를 옮기다가 다리에 쥐가 난다고 말한다. 쥐가 다리에서 뭘 하는 걸까? 그리고 왜 쥐를 쫓아버리지 않고 다리를 문지르는 걸까? 여기서 '쥐'는 '경련'을 의미하기 때문에 이 표현은 "다리에 경련이 일었다"는 뜻이다.

I've got a rat in my leg!

One of your colleagues says "I've got a rat in my leg" while he's moving some furniture in the office. What is a rat doing around his leg? Then why is he giving his leg a massage rather than chasing it away? "A rat"(쥐) here means a cramp, so the expression means "I have a cramp in my leg."

욕보세요

상사가 사무실을 나서며 이런 말을 한다면 그 말은 "계속 수고해"라는 뜻이다. 그러니까 괜히 화낼 필요 없다. 상사가 당신이나 당신이 하는 일을 놀리려는 것이 아니니까.

I hope you'll go through a hard time.

If your boss says this as he leaves the office, he means "Keep up the good work." So you don't have to get mad at him because he's not making fun of you or your hard work.

뒤에서 호박씨 깐다

친구가 누군가에 대해 이런 말을 한다. 왜 등뒤에서 호박씨를 가지고 노는 걸까? 이 표현은 "겉으로는 멋지고 마음이 넓어 보여도 뒤통수를 칠 가능성이 많다, 즉, 주변에 아무도 없을 때 어떤 일을 할지 모른다"는 뜻이다.

He's peeling pumpkin seeds behind your back.

A friend of yours says this about someone. Why does this person play with pumpkin seeds behind your back? This expression means "He may seem nice and generous on the outside, but he is very likely to stab you in the back. He might do anything while others are not around."

친구 따라 강남 간다

여기서 강남은 서울의 행정 구역을 가리키는 것이 아니다. 원래 뜻은 중국의 양쯔강 남쪽 지역으로 멀리 떨어져 있는 곳을 나타내는 말이다. 즉, 친구가 가면 아무리 먼 길도 기꺼이 간다는 뜻을 내포한다. 따라서 이 표현은 "줏대가 없어 친구가 원하면 깊이 생각해보지도 않고 성급히 뛰어든다"는 뜻이다.

He'd follow his buddy to Gangnam.

Gangnam here does not indicate an administrative district in Seoul. It originally means the southern region of the Yangtse River in China, symbolizing a place very far away. The implication is that he's willing to go a long way just because one of his friends does. So the expression means "He's so spineless. He might jump into anything his buddy wants without thinking it through.

두 손 두 발 다 들었어

이 과장이 신입사원 보고 '너한텐 내가 두 손 두 발 다 들었다'고 하며 고개를 절래절래 흔들었다. 이 표현은 영어의 "I've thrown up my hands"라는 표현과 같은 것으로 어떤 사물이나 사람에게 항복한다는 뜻이다. 우리말 표현은 손뿐 아니라 발까지 든다고 해 단념한다는 의미를 더 강조하고 있다.

I've thrown up my hands and feet.

Mr. Lee says this to a newcomer, shaking his head in disgust. This is like an English expression "I've thrown up my hands," meaning you've finally given up on something or somebody. This Korean expression describes your frustration more emphatically because your feet, not just your hands, are up, too.

WINTIMES

원타임즈가 참신한 기획과 정성들인 원고를 찾습니다
독자가 가장 필요로 하는, 최소의 비용으로 최대의 효과를 거둘 수 있는
알차고 참신한 외국어 학습 관련 원고 또는 기획을 찾습니다.
원타임즈는 그런 원고와 기획을 기꺼이 받들어 모실 것이며,
최상의 책으로 만들어낼 준비가 되어 있습니다.